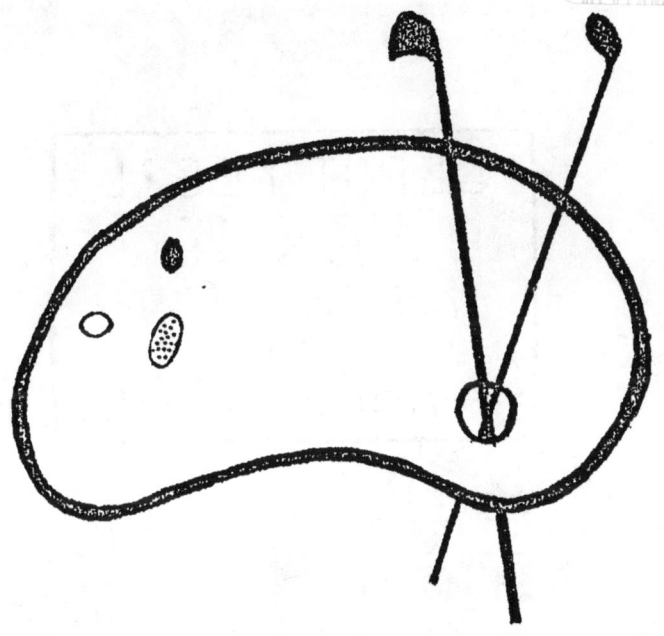

DEBUT D'UNE SERIE DE DOCUMENTS EN COULEUR

DÉPÔT LÉGAL
VIENNE
N° 242
Année 1919

Le Japon
pendant la guerre
européenne

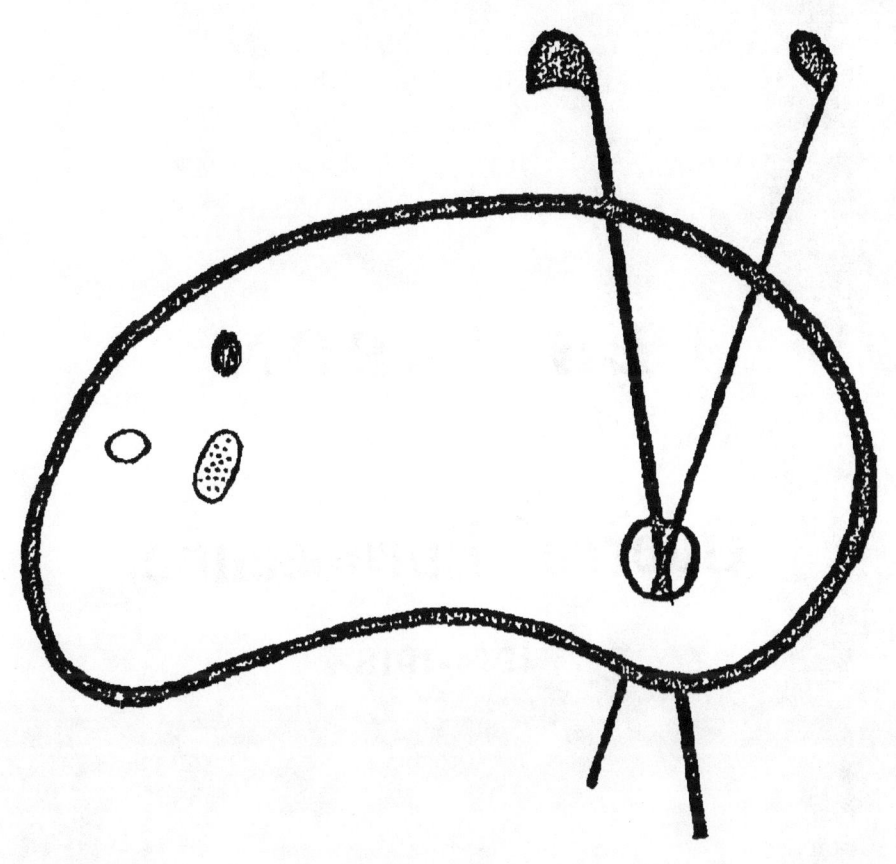

FIN D'UNE SERIE DE DOCUMENTS EN COULEUR

LE JAPON

pendant la

Guerre Européenne

1914-1918

OUVRAGES DU MÊME AUTEUR

— **Un été au Japon boréal** (*Japonais et Aïnos dans le Yeso*).

Un volume de 316 pages avec gravures, chez Gabriel Beauchesne et C¹ᵉ (1895), franco . . . . . **4 fr.**

— **Ruines et Mausolées japonais** (*Kamakura et Nikko*).

Un volume in-4° carré de 190 pages avec 48 gravures sur bois, à la Maison de la Bonne Presse, 5, rue Bayard (1900). Broché, 3 fr. 50 ; relié, 4 fr. 50 ; avec tranches dorées. . . . . **5 fr.**

L'auteur et l'éditeur réservent tous droits de reproduction et de traduction.

Cet ouvrage a été déposé, conformément aux lois, en février 1910.

MICHEL RIBAUD

Notes sur le Japon

LE JAPON

pendant la

Guerre Européenne

1914-1918

PARIS
P. LETHIELLEUX, LIBRAIRE-ÉDITEUR
10, RUE CASSETTE, 10
1919

AVIS

Au cours de ce volume, dans tous les mots japonais,

e	se prononce	*é,*	comme dans	*bonté*
i précédé d'une voyelle se prononce toujours		*ï*	—	*aïeul*
u	se prononce	*ou*		
g est toujours dur				
j	se prononce	*dj*	—	*Djibouti*
ch	—	*tche,*	—	*Tchèque*
sh	—	*che,*	—	*cheval*

Chaque voyelle a un son distinct.

Ex. : *Go tairei* se lit *Go taïréï*
M. *Ijuin* — *Idjouïn*
Samurai — *Samouraï*
etc...

NOTES SUR LE JAPON

CHAPITRE PREMIER

INTRODUCTION

Coup d'œil sur la coopération japonaise pendant la première année de la Guerre Européenne.

Ces « Notes » n'ont commencé qu'en juillet 1915. Depuis un an déjà le Japon s'était uni aux Alliés dans leur lutte contre l'Allemagne pour le Droit et la Justice. Cette période initiale, semée d'actions d'éclat, demeurait ainsi dans l'ombre. C'est pour la mettre en lumière et combler une lacune regrettable que j'ai écrit ce chapitre préliminaire, simple regard rétrospectif sur l'effort nippon depuis le début des hostilités.

On y trouvera quelques notions nécessaires à l'intelligence de la vie politique de ce peuple. Aussi bien j'ai essayé, en citant les faits importants, de les rattacher à leurs causes, ce qui m'a obligé à prendre mon récit en juillet 1912, c'est-à-dire à l'avènement de Yoshi-Hito, l'empereur actuel.

I

Importance de l'ère de Meiji. — Difficultés du commencement du règne de Yoshi-Hito. — Chute du Cabinet Saionji. — Cabinet Katsura. — Cabinet Yamamoto. — La Constitution japonaise. — Les partis. — Les clans. — Les genro. — Scandales des sucres (1909). — Scandales de la marine et chute du Cabinet Yamamoto. — Le Cabinet Okuma (1914).

La mort de l'empereur Mutsu-Hito termine une des plus grandes périodes de l'histoire du Japon. Pour en retrouver une semblable comme importance, il faut remonter au vi^e siècle de notre ère, où cette nation reçoit en bloc la civilisation confucianiste et bouddhique de Chine qui la transforme de fond en comble et alimentera exclusivement sa pensée pendant près de treize siècles jusqu'en 1868. Tout, en effet, à ce moment, fut renouvelé dans l'empire qui adopta, avec le système d'écriture idéographique, la pensée chinoise intégrale et d'abord sa religion et sa philosophie. Bientôt le gouvernement se modelait sur celui de l'Empire du Milieu et en adoptait la science, la littérature et les arts.

Or, durant la période de Meiji (1868-1912), qui s'ouvre à l'avènement de Mutsu-Hito, un phénomène semblable s'est produit, dont l'objet, cette fois, au lieu d'être la culture chinoise, a été la civilisation d'Occident, qui a commencé à transformer le Japon et à lui fournir tous les éléments de progrès qui devaient lui permettre de prendre rang parmi les grandes puissances mondiales.

Il est difficile, faute de recul, d'apprécier la grandeur de cette période que dirigea le grand empereur défunt, mais il ne serait pas étonnant qu'elle fût considérée comme la plus considérable et la plus décisive de l'histoire nipponne, puisqu'elle a donné à ce peuple les moyens de se développer intégralement, de réaliser dans le monde l'objet de toutes ses aspirations légitimes et d'y atteindre le rang qui convient à ses qualités naturelles et à son génie.

Ce renouveau ne s'est pas effectué, il est vrai, sans travail et sans douleur. Tout progrès n'est que le fruit d'un laborieux enfantement. Mais les obstacles ont trouvé dans le grand mikado défunt et dans ses illustres auxiliaires des volontés capables de les surmonter. Aussi bien, les difficultés que, dès le début de son règne, Yoshi-Hito, le nouveau souverain, a rencontrées, n'entraveront pas, il faut l'espérer, la marche de cette nation, qui, malgré tout, a conservé le sens de l'autorité, et que sa sûreté de jugement saura tenir à l'écart des principes erronés, des systèmes chimériques et des solutions extrêmes par quoi toute nation court à sa ruine.

*
* *

A l'avènement du nouvel empereur (juillet 1912), la marche des affaires politiques ne se continua pas sans difficultés. Le changement de main dans la direction de l'Etat fit immédiatement sentir l'importance du rôle qu'avait joué le souverain disparu. Son puissant ascendant moral, qui, peu à peu, avait neutralisé les causes de dissensions, n'existant plus, les anciennes rivalités de partis ne tardèrent pas à réapparaître.

Durant les deux premières années, le gouvernement mikadonal ne subit pas moins de trois crises ministérielles, déterminées par les luttes des partis rivaux, rebelles à toute influence de conciliation. Le Cabinet Saionji sombre dans une querelle militaire entre la marine et l'armée (5 décembre 1912). Le Cabinet Katsura, qui paraissait devoir briser toute cause de troubles, ayant à sa tête un homme de gouvernement aguerri, ne réussit pas mieux. La grandeur de Katsura causa sa perte. On eut peur de son habileté. Ses ennemis soulèvent des émeutes à Tokio et dans les grandes villes. Il est obligé de se démettre (février 1913) à la première réunion de la Diète, quelques mois après sa prise de possession du pouvoir.

L'amiral Yamamoto, qui lui succède à la tête du ministère, représente le triomphe du clan de Satsuma sur celui de Choshu, qui soutenait Katsura, ainsi que la victoire de la marine sur l'armée, mais son Cabinet, obligé de compter sur l'aide des constitutionnels (seiyukaï) qui veulent à tout prix anéantir la politique des clans, n'a jamais été très solide sur ses fondements. Les partisans du clan de Choshu, d'ailleurs, ne laisseront pas échapper l'occasion de le faire trébucher.

Avant de décrire les circonstances qui entraînèrent sa chute, nous nous arrêterons quelque peu sur la Constitution japonaise, dont la connaissance devient indispensable à l'intelligence des événements qui vont suivre.

Mutsu-Hito avait, dès sa prise de possession du pouvoir, en 1868, promis à son peuple d'adopter un système de gouvernement parlementaire, et de ne rien innover, si ce n'est avec l'assentiment de la nation. Treize ans plus tard, ses tentatives n'ayant pas encore abouti, il répétait avec plus de force sa promesse d'établir un régime constitutionnel qui serait une règle de conduite pour ses successeurs. Mais longtemps encore, ses tentatives restèrent infructueuses. Depuis 1875, le pouvoir appartint, en réalité, au clan le plus puissant. Ce n'est qu'en février 1889, après un effort persévérant de plus de vingt années, qu'il parvint à faire promulguer cette Constitution si ardemment désirée.

Elle établit que l'empereur est souverain absolu, de droit divin : Article premier : « L'empire du Japon a pour chef un empereur dont la dynastie est éternelle. » Si la nation, par des assemblées représentatives, a la direction des affaires du pays, ce n'est que par sa permission et son consentement. Il sanctionne librement les lois qui ne peuvent être publiées ni exécutées sans son ordre. C'est lui qui nomme et révoque les ministres, qui n'ont de responsabilité que devant lui.

Deux Chambres constituent la Diète impériale : la Chambre des pairs, formée de personnages de lignée impériale, de nobles, de membres à vie, désignés par Sa Majesté, ainsi que d'un certain nombre de membres à vie, ou simplement élus pour sept ans ; puis la Chambre des représentants, composée de 369 députés, élus par le peuple, et que l'empereur a la faculté de dissoudre à son gré. Les Chambres sont qualifiées pour poser des questions aux ministres, présenter des adresses à l'empereur. Elles surveillent les finances et votent les lois. En cas de divergences de vue, elles peuvent adresser aux ministres une représentation.

L'histoire des partis politiques, dont le programme ondoyant et divers n'est pas aisé à définir, est assez compliquée. Leur apparition successive à la direction des affaires est surtout déterminée par la vieille lutte des clans, dont l'influence est aussi forte dans la vie publique actuelle qu'elle l'était à l'époque du vieux Japon féodal.

A propos des Cabinets Katsura et Yamamoto, nous venons de constater la rivalité des clans de Choshu et de Satsuma. Il faut remarquer que ce sont principalement ces deux clans qui ont fourni à la politique ses hommes d'Etat. Au second se rattachent les noms connus de Saigo et Okubo, de Kuroda, de Matsukata, de Saigo, frère du précédent, de Môri, du fameux maréchal duc Oyama, généralissime durant la guerre de Russie. Au premier brillent les noms de Kido, du célèbre duc Ito, le rédacteur de la Constitution; du marquis Inouyé, son ami et émule; du maréchal Yamagata, qui organisa la campagne de Chine et dirigea l'état-major pendant la guerre russo-japonaise; d'Aoki et d'autres. Cette rivalité de clans pour la direction des affaires est battue en brèche, comme nous l'avons dit, par le parti constitutionnel, le Seiyukai, qui parviendra sans doute, à la longue, à faire disparaître ces vestiges du Japon médiéval.

En dehors des organes constitutionnels du gouvernement, on ne doit pas oublier de mentionner les genro, les anciens, les hommes politiques âgés, ceux qui, pendant la grande période de révolution et de transformation de l'ère de Meiji, ont été les fondateurs du Japon moderne. Ils représentent auprès de l'empereur toutes les fortes idées qui ont fait la grandeur du pays, et en même temps la sagesse pratique qui l'a réalisée. Choisis par le souverain et formant un Conseil fermé, ils constituent une puissance redoutable. Il ne faut pas confondre les genro avec le genro-in, qui était l'ancien Sénat, supprimé en 1890.

Dans le monde politique, il n'y a guère que les anciens et les pairs qui soient estimés. Il ne faudrait sans doute pas jeter un discrédit immérité sur toute une classe d'hommes politiques de ce pays. Toutefois, il est notoire que la Chambre basse est, en général, peu appréciée. Ses membres sont trop souvent de petits parvenus qui, sous le nouveau régime, n'ont su ni s'accrocher au vieil idéal du Yamato, ni comprendre le véritable idéal de la civilisation occidentale, et, désemparés, ne se sont laissé guider que par un seul but, celui de satisfaire leur cupidité et leur penchant à la jouissance brutale. S'il est exagéré peut-être de dire, comme on l'a fait, qu'ils sont tous « ignorants, vaniteux et corrompus au delà de toute expression », il est cependant certain que les députés ne représentent ni le talent, ni la gloire, ni la richesse, ni la vieille et héroïque classe des Samuraï, ni l'âme de la nation. Aussi bien, il semble même que, systématiquement, on veut l'amoindrir en faisant monter à la Chambre des pairs tous les membres qui manifestent quelques qualités transcendantes.

Il n'est donc pas étonnant que des scandales y éclatent assez fréquemment. On se souvient sans doute de la fameuse affaire des sucres, en 1909, dont quelques détails suggestifs nous ont été donnés par la presse de cette époque :

« Il n'est bruit au Japon, en ce moment, écrivait-on

alors, que du scandale des sucres. Pendant les deux premières sessions, de grands efforts ont été faits pour amener le gouvernement à nationaliser la Compagnie des sucres. On assure que, d'après les aveux qu'auraient faits les directeurs de la Compagnie, une somme de 120.000 yen aurait été distribuée à une cinquantaine de membres du Parlement, pour les faire voter en faveur de cette mesure.

« C'est le parti constitutionnel qui est le plus compromis dans cette affaire. Le gouvernement procède avec beaucoup d'énergie. Il a déjà fait emprisonner un grand nombre de personnes. La Chambre des pairs elle-même n'est pas exempte de compromissions.

« La presse japonaise approuve hautement l'énergie avec laquelle le gouvernement traite cette scandaleuse affaire. Elle exprime l'espoir que l'exemple sera salutaire pour l'avenir du pays. »

Voici la dépêche que le 11 mai l'*Agence Havas* recevait de Tokio :

« Les Japonais soupçonnaient bien quelques-uns des membres de la Diète de n'être pas sans tendresse pour les pots-de-vin, mais ils sont littéralement atterrés aujourd'hui par les rapports faits à la suite des poursuites judiciaires.

« La plus grande partie, du reste, de l'année courante va être probablement occupée par ces poursuites. Les arrestations, les perquisitions, les interrogatoires continuent. D'autres Compagnies commerciales que celle des sucres se trouvent, en effet, les unes soupçonnées, les autres compromises. On croit que les opérations impitoyables de la justice assainiront les mœurs commerciales du pays. »

C'est un fait de corruption de ce genre, mais plus grave encore, dans lequel la main de l'Allemagne n'est pas étrangère, qui va faire sombrer le Cabinet de l'amiral Yamamoto, que nous avons vu succéder, au commencement de 1913, au ministère éphémère de Katsura. Il s'agit du fameux scandale de la marine de 1914, qui fit accuser plusieurs amiraux et tint momentanément en suspens tout progrès dans le développement de la marine et de l'armée.

Voici comment le *Temps* nous en résumait les circonstances :

« Il y a quelques mois, un dactylographe, nommé Karl Richter, employé à l'agence de Tokio d'une maison allemande d'appareils électriques, ayant volé des lettres compromettantes pour certains directeurs de la maison et pour quelques fonctionnaires japonais, menaça de les publier si on n'achetait pas grassement son silence. Arrêté à Shanghaï pour tentative de chantage, traduit devant les tribunaux de Berlin, Karl Richter a été condamné à deux ans de prison. Les débats du procès furent suivis, à Tokio, avec une intense curiosité ; le gouvernement japonais faisait, de son côté, des recherches ; elles aboutissaient à l'arrestation de deux amiraux, de plusieurs ingénieurs des constructions navales, de divers fournisseurs de la marine, de représentants de maisons étrangères. »

Inutile de faire remarquer que le clan de Choshu comme tous les ennemis d'ailleurs de l'amiral, qui ne cherchaient qu'une occasion pour culbuter son ministère, se saisirent de ce scandale pour susciter un tempête. On parla d'atteinte à la dignité et à l'honneur national. Des protestations véhémentes jaillissent de toutes parts. Des manifestations tumultueuses, des réunions publiques qui revêtent un caractère d'émeutes donnent à Tokio l'aspect d'une ville en révolution. Les crédits demandés par Yamamoto pour la marine sont diminués par la Diète de 75 millions de francs et par la Chambre des pairs de 100 millions en plus de la réduction précédente. Le gouvernement ne peut donner son acquiescement à cette opposition systématique et il résigne ses pouvoirs (mars 1914).

*
* *

Cette troisième crise ministérielle depuis l'avènement du nouvel empereur dura trois semaines. Ce fut une des plus longues qu'on ait encore vues. Quelques-uns ont pensé qu'il y avait en ce fait l'indice d'une situation politique intérieure viciée, de mauvais symptômes d'impuissance du pouvoir suprême, et y ont vu les prodromes d'une révolution prochaine. Ceci est fort exagéré. Il ne semble pas douteux que la pratique du gouvernement donnera au nouvel empereur un regain d'autorité qui lui permettra de se libérer comme son illustre père de l'excès d'influence des genro et de briser le vieil esprit de clan si nuisible à l'union et à la paix de l'empire.

Deux tentatives de former un Cabinet furent infructueuses. La troisième cependant aboutit. Le comte Okuma, le 15 avril 1914, soumettait à l'empereur son nouveau ministère. L'opinion le reçut assez favorablement, mais il était à prévoir que les partis opposés, le

Seiyukaï entre autres, ne tarderaient pas à semer des embûches sur sa route ; par bonheur, le vieux lutteur (1) était de taille à se défendre. C'est sous son ministère qu'allait éclater la guerre européenne ; il nous importe donc de le connaître avec détails.

Voici comment, dans son numéro du 18 avril, le *Japan Times* en présente les membres :

« Avant tout, le comte Okuma au pouvoir a inspiré confiance au pays. Par sa lucide perception, ses fermes convictions et l'énergie de son exécution, il est considéré comme le seul homme d'État capable de se charger de la situation politique. Ce sont ses qualités qui l'ont fait écarter des affaires pendant 15 ans par les anciens. Il a pris le portefeuille de l'Intérieur. Ce sont les circonstances qui l'y ont amené. Il a pensé que ce serait le meilleur moyen de maintenir l'harmonie entre les partis qui doivent le soutenir.

« Le baron Kato, aux Affaires étrangères, revient à son vieux poste. Comme diplomate et comme homme d'État, il s'est déjà montré. Ce sera une forte figure dans le ministère et il y aura du poids avec le Doshikaï derrière lui.

« Une grande importance est donnée au choix de M. Osaki comme ministre de la Justice. Il est regardé comme l'homme le plus fort et le plus brillant du Cabinet, et l'enthousiasme montré envers le nouveau gouvernement lui est dû en majeure partie. Le pays a une confiance entière dans son caractère droit et dans sa conviction inflexible pour procéder au « nettoyage radical » de la corruption de la marine. »

(1) Il avait alors 76 ans.

Ces quelques figures du nouveau Cabinet nous suffisent pour le moment. Nous aurons plus tard l'occasion de tracer avec détails le portrait du grand Okuma, de qui l'on a dit qu'il y avait en lui du Clemenceau, du Gladstone et du Roosevelt. Ce nouveau Cabinet, de par sa composition, formait un faisceau puissant. Sa tâche, d'ailleurs, allait être lourde. Il avait à maintenir les partis dans l'ordre, à liquider la scandaleuse affaire de la marine, et aussi à prendre une décision dans la lutte gigantesque qui bientôt allait s'engager en Occident.

II

Relations du Japon avec l'Angleterre, la Russie, la France, les États-Unis et l'Allemagne au début de la guerre européenne. — Importance de Tsing-Tao. — Le scandale de la marine et les procédés allemands. — L'ultimatum du mikado à Berlin. — La prise de Tsing-Tao.

Pour comprendre la politique qu'adopta le Japon dès l'origine de la guerre, il n'est pas inutile de jeter un regard sur les relations qu'il entretenait avec les grandes puissances lorsque éclatèrent les hostilités. Nous savons qu'il était attaché par une véritable alliance défensive avec l'Angleterre, alliance dont toute la nation reconnaissait l'utilité, et qui avait déjà rendu au Japon des services signalés, notamment pendant la guerre russo-japonaise. Cette alliance avait été renouvelée et complétée par un traité du 13 juillet 1911, dont l'objet était la conservation de la paix en Asie, le maintien de l'intégrité de l'empire chinois et la sauvegarde des intérêts de chacun des contractants. Il créait aussi l'obligation pour chacune des parties de venir en aide à l'autre, dans le cas où celle-ci serait attaquée sans provocation de sa part, de mener la guerre d'accord entre les deux pays et de ne faire la paix que d'un consentement commun.

Les relations avec la Russie, qui avait renoncé à ses visées sur Port-Arthur et la Corée, étaient devenues presque amicales. Plusieurs conventions signées avec cette puissance avaient réglé les points litigieux et préparé une entente qui ne devait pas tarder à prendre la fermeté d'une alliance.

Avec la France, après une période d'hésitation, les rapports devinrent cordiaux. Sans doute, la France, en 1895, s'était unie à la Russie et à l'Allemagne pour demander au Japon victorieux d'abandonner le Liao Tong, mais ce fut elle qui, en somme, eut dans cette affaire le rôle de modérateur. Il faut noter aussi que, tandis que la Russie s'installait à Port-Arthur, l'Allemagne à Kiao-Tchéou, la France, en prenant pied à Kuantong, ne nuisait pas aux intérêts vitaux de l'empire. Si elle fut obligée de remplir ses devoirs d'alliée envers la Russie, en 1904-1905, le Japon eut l'intelligence d'apprécier la fidélité de la France à sa parole donnée, et les rapports de ces deux dernières puissances, quelque peu difficiles à un certain moment, redevinrent bientôt pleins de cordialité, et, le 10 juin 1907, elles signaient un accord avantageux pour le Japon, tant au point de vue économique et financier qu'au point de vue de la vulgarisation dans l'empire des méthodes occidentales d'enseignement. Nous n'avons malheureusement pas su profiter de ce rapprochement pour accroître notre influence au Japon. M. André Bellessort, qui se trouvait au Japon en 1914, a écrit avec tristesse la profonde indifférence avec laquelle on regardait alors les choses françaises dans ce pays :

« Nous retrouvions chez eux, dit-il, dépouillée de toute prévention, de tout parti pris agressif, et, pour ainsi dire, à l'état pur, l'opinion que nous étions un peuple à son déclin. Ils savaient sur le bout du doigt la leçon que les Allemands leur avaient apprise. Ils la répétaient sans animosité, parfois même avec une sorte de mélancolie courtoise. Nous n'existions plus à leurs yeux que sous la forme d'un Syndicat de banquiers ; et, sauf les jours où ils souriaient à nos capitalistes, ils préféraient nous ignorer.

« Autrefois, nos écoles militaires, nos maîtres, nos livres, nos systèmes, notre langue, avaient été en honneur. C'étaient maintenant les professeurs allemands, les livres allemands, l'armée allemande, les méthodes allemandes, la science allemande, la langue allemande. A la Faculté de droit de Tokio, cent élèves suivaient le cours du professeur français, et mille celui du professeur allemand. Sur vingt-quatre boursiers envoyés en Europe, dix-neuf étaient dirigés vers Berlin, et ceux qui venaient à Paris devaient séjourner en Allemagne. Une chaire de russe créée, c'était toujours une chaire de français supprimée, jamais une chaire d'allemand. La médecine, comme la musique européenne, était entièrement allemande. Un de nos compatriotes,

M. Jacoulet, professeur à l'école des langues étrangères, me disait que les quatre cinquièmes des élèves qui lui arrivaient ignoraient jusqu'au nom de Pasteur; mais la statue de je ne sais quel docteur voisine, sous les ombrages de Kamakura, avec celle du colossal Bouddha. Notre littérature elle-même avait cédé le pas à la littérature allemande. Les Sudermann et les Hauptmann reléguaient au second plan nos romanciers et nos dramaturges.

« Pourquoi ne nous défendions-nous pas ? Les armes nous manquaient pour le faire. Les Allemands possédaient un journal, rédigé en anglais, une revue et surtout une agence télégraphique, qui alimentait les journaux japonais et leur distribuait à bas prix les calomnies les plus effrontées. Non seulement ils ajoutaient à nos travers, mais ils en inventaient. Ils francisaient leur corruption et germanisaient nos inventions. Ils mentaient chaque jour avec une obstination que renforçait encore leur impunité ; car nous n'avions, pour les démentir, ni journal ni agence, rien. Les Français, impuissants, haussaient les épaules ou prenaient l'habitude de baisser la tête. Mais dans les feuilles qui leur arrivaient de France, et qui leur apportaient l'écho de nos tribunes officielles, ils lisaient que notre pensée continuait de rayonner sur le monde. Et cela leur faisait grand plaisir.

« Nous gardions cependant une position importante et dont il semblait que personne ne pût nous déloger. Nous représentions encore pour l'Extrême-Orient une grande idée, l'idée catholique. Depuis la réouverture du Japon, nos missions étrangères avaient reçu de Rome le privilège d'y travailler. Elles ont fait tout ce qui leur était humainement possible, sans créer la moindre difficulté à notre diplomatie et sans blesser en quoi que ce fût la susceptibilité nationale des Japonais. Nous avions, grâce à elle, dans chaque ville et dans bien des campagnes, un Français qui enseignait le français, qui réagissait contre les influences antifrançaises et dont les efforts associaient indissolublement l'image de la France à celle du désintéressement et de l'abnégation. Ces consuls et ces agents consulaires de l'ordre spirituel ne nous coûtaient rien. Notre rupture avec Rome a ouvert dans cette œuvre admirable de défense et d'expansion une brèche par où l'ennemi a passé. Ces dix dernières années ont vu les Jésuites allemands organiser une Université au cœur de Tokio, les Pères du Verbe divin allemands, qui sont nos ennemis les plus acharnés, s'installer sur la côte occidentale, et les Franciscains allemands dans l'île de Yéso. La presse japonaise a pu écrire que le protectorat des catholiques de l'Extrême-Orient serait désormais confié à l'Empereur d'Allemagne. Et les intérêts de l'esprit français aussi, sans doute !

« Il y a pire. Les Marianites français ont fondé à Tokio un collège que fréquentent 85o élèves, auquel le gouvernement japonais accorde les mêmes prérogatives qu'à ses propres établissements, et où, malgré les nouvelles tendances, ils ont maintenu comme obligatoire l'étude de la langue française. C'en est le dernier rempart. Nous étions à la veille de le démanteler, ou, pour mieux dire, nous avions déjà commencé. Leur maison de recrutement étant supprimée en France, ils seraient bientôt dans l'impossibilité de remplacer leurs vides par des Français. Le supérieur, un Alsacien, l'abbé

Heinrich, était venu trouver notre ministre des Affaires étrangères : « Notre œuvre ne mourra pas, Monsieur le Ministre; les œuvres catholiques ne meurent pas. Mais c'est la langue française qui est menacée d'y mourir. J'ai encore des Alsaciens. Après eux, je serai réduit à m'adresser aux Allemands. » Et le ministre, qui connaît l'Extrême-Orient, avait levé les bras au ciel : « Je sais, je sais ! Mais que puis-je ? »

Tout cela me paraît aujourd'hui de l'histoire ancienne, oh! très ancienne! Depuis vingt ans, partout où je suis allé, en Europe, en Amérique, en Extrême-Orient, j'ai retrouvé l'Allemand insolent, haineux, malhonnête. Il ne se contentait pas d'exploiter nos fautes, ce qui était son droit : il se montrait aussi habile à falsifier notre histoire qu'à contrefaire nos produits. Partout je l'ai entendu proclamer ou insinuer l'idée de notre décadence. Docteurs des Universités ou commerçants de Hambourg, diplomates ou émigrants, un égal mépris de la vérité les animait contre nous. Ils apportaient dans la mauvaise foi et dans l'improbité une discipline vraiment stupéfiante. Mais je n'avais jamais été à même de revoir un pays où nous occupions naguère un rang très honorable, et d'y pouvoir constater ce que ces quinze dernières années nous y avaient enlevé de prestige et d'autorité morale. Je n'avais jamais eu l'occasion de mesurer ainsi le résultat du travail incessant qui s'accomplissait contre nous, et des abdications successives où nous étions pacifiquement acculés (1). »

---

(1) « En Extrême-Orient », *Revue des deux Mondes*, 1ᵉʳ décembre 1914.

Malgré tout, par bonheur, les sympathies de ce peuple ne nous étaient pas encore totalement aliénées ; on put le constater dès le début de la guerre.

Avec les États-Unis, les rapports sont alors assez tendus. L'Amérique voudrait considérer le Pacifique comme son domaine propre, et le Japon a les mêmes prétentions. D'autre part, la conquête des Philippines posait une nouvelle cause de conflit. On sait que les États-Unis sont, en Chine, les concurrents les plus redoutés des Japonais. Aussi bien la question brûlante de l'émigration nippone en Californie créait des incidents aigus dont les conséquences pouvaient devenir redoutables ; mais ce qui surtout avait causé une grande émotion dans le monde politique japonais, c'était la prétention qu'avait eue le gouvernement de Washington d'internationaliser les chemins de fer de Mandchourie, ainsi que les nouvelles lignes projetées. C'est pour parer à cette attaque directe que le Japon signait avec la Russie, le 4 juillet 1910, l'accord qui, en rendant de plus en plus étroite l'intimité entre les deux peuples, constituait une garantie contre les menaces américaines.

A l'égard de l'Allemagne, le Japon nourrissait une haine sourde. Si, pendant de longues années, il s'était mis à étudier les méthodes allemandes, c'était, a-t-on dit, pour y prendre ce qu'il y avait de bon afin de se rendre apte à se mesurer avec cette puissance dangereuse. Il se souvenait, en effet, que c'était l'Allemagne qui, en 1895, avait été l'instigatrice de l'intervention qui le frustra du bénéfice de sa victoire sur la Chine. Aussi bien, son installation à Tsing-Tao, en 1897, qui, comme l'avait dit Bülow, était « le résultat d'une politique réfléchie », ne laissait pas de faire justement craindre aux Nippons pour l'avenir de leurs intérêts sur le continent.

Pendant ces dix-sept années d'occupation, l'Allemagne avait fait de Tsing-Tao une position militaire de premier ordre, ainsi qu'un point d'appui d'une extrême importance pour le développement de son influence et de son commerce. D'ailleurs Berlin, après l'occupation de Tsing-Tao, avait obligé le gouvernement chinois à ratifier pour quatre-vingt-dix-neuf ans la possession non seulement de la ville elle-même, mais encore du district entier qui la contenait avec la baie de Kiao Tchéou, rade merveilleuse, et d'une zone neutre de 3o kilomètres de largeur que les Teutons, malgré sa neutralité, se hâtèrent d'occuper, cela va sans dire. Tsing-Tao était en voie de devenir le port plus important de la Chine septentrionale. C'était avec raison que ce développement rapide de la puissance allemande était considéré à Tokio comme un danger national qu'il fallait détourner au plus tôt.

*
* *

Les scandales de la marine, qui avaient révélé bruyamment de quels procédés honteux usaient les Allemands à l'égard des classes dirigeantes nipponnes, n'eurent pas précisément pour résultat d'atténuer la haine dont ils étaient l'objet. L'honneur japonais avait été vivement froissé. Ce n'est pas sans stupéfaction qu'on avait appris que des fournisseurs allemands de la marine japonaise avaient été assez influents pour faire déplacer des officiers qui ne s'étaient pas laissé corrompre, et s'emparer de la direction de l'organisme ministériel. L'impudence teutonne souleva dans tout l'empire une tempête de colère. Aussi, ce fut avec un véritable soulagement que, dans les premiers jours d'août 1914, le Japon apprit que l'Angleterre venait de lancer à l'Allemagne sa déclaration de guerre. Immédiatement, le peuple pensa à courir aux armes et manifesta la volonté de marcher de concert avec son alliée, tant pour venger l'humiliation qu'elle venait de subir que pour évincer du Kiao Tchéou des rivaux encombrants, dangereux et malhonnêtes.

Le comte Okuma, qui, comme nous l'avons vu, dirigeait depuis quelques mois le ministère, travaillait ardemment dans ce sens, malgré les murmures d'une fraction hostile à la guerre; il se préparait hâtivement, au point de vue militaire et financier, tandis qu'il aplanissait les difficultés diplomatiques, tant en Europe qu'en Amérique. Cette entrée du Japon dans le conflit d'Occident produisit alors cet heureux résultat, que nous souhaitons durable, de cimenter l'union des partis, fort compromise depuis la mort de Mutsu-Hito, de faire régner de nouveau la concorde dans le pays et de dissiper dans l'effervescence patriotique les miasmes délétères qu'avait soulevés la corruption teutonne.

C'est le 15 août 1914 que l'empereur du Japon télégraphiait à Berlin l'ultimatum qu'a donné la presse à cette époque et dont nous citons le texte. A ce moment, l'Allemagne avait déjà déclaré la guerre à la Russie et à la France, violé la neutralité de la Belgique, et l'Angleterre venait, précisément à cause de cette violation, de déclarer la guerre à l'Allemagne.

« Le gouvernement impérial du Japon, disait la note,

considérant qu'il est important et nécessaire, dans la situation présente, de prendre les mesures propres à écarter toute cause de trouble pour la paix de l'Extrême-Orient et à sauvegarder les intérêts généraux prévus dans le traité d'alliance entre le Japon et la Grande-Bretagne, afin d'assurer le prix de celle de l'Asie orientale, croit de son devoir de donner avis au gouvernement impérial allemand d'avoir à exécuter les deux propositions suivantes :

« 1° De retirer immédiatement des eaux japonaises et chinoises les bâtiments de guerre allemands et les navires armés de tout genre, et de désarmer ceux qui ne pourraient être retirés.

« 2° De livrer et remettre aux autorités impériales japonaises à une date n'excédant pas le 15 septembre 1914, sans condition et composition, tout le territoire cédé à bail de Kiao-Tchéou en vue d'une restitution éventuelle dudit territoire à la Chine.

« Le gouvernement impérial du Japon déclare en même temps que, au cas où il n'aurait pas reçu du gouvernement impérial allemand, le 23 août à midi, une réponse contenant l'acceptation sans condition du présent avis, il se verrait obligé de se réserver toute la liberté d'action que la situation lui paraîtra comporter. »

Le gouvernement allemand ayant fait savoir verbalement, le 23 août, qu'il ne répondrait pas à cette note, et le chargé d'affaires du Japon ayant reçu ses passeports, le gouvernement impérial du Japon fit connaître, le 23 août, à midi, qu'il se considérait en état de guerre avec l'Allemagne. Dès l'après-midi du même jour, à 5 heures, était publiée la proclamation impériale suivante :

« Nous, par la grâce du ciel, empereur du Japon, assis sur le trône occupé par la même dynastie de temps immémorial, adressons cette proclamation à nos braves et loyaux sujets.

« Par cette proclamation, nous déclarons la guerre à l'Allemagne, nous commandons à notre armée et à notre marine de poursuivre de toutes leurs forces les hostilités contre l'ennemi, et nous donnons l'ordre à toutes autorités compétentes de faire, dans l'accomplissement de leur tâche respective, tous leurs efforts pour réaliser les aspirations nationales par tous les moyens que permet la loi des nations.

« C'est avec un profond regret que, malgré notre dévotion à la cause de la paix, nous sommes forcés de déclarer la guerre, surtout à ce début de notre règne et lorsque nous portons encore le deuil de notre vénérée mère.

« C'est notre vœu sincère que, par le loyalisme et la valeur de nos fidèles, la paix puisse être bientôt rétablie et la gloire de l'empire exaltée. »

Les opérations contre Kiao-Tchéou commencèrent immédiatement. Les trois premières escadres de la marine impériale auxquelles s'était unie une escadre britannique organisent le blocus de la baie. Fort heureusement pour eux, la plupart des navires allemands avaient déjà pris la fuite, mais leur liberté n'était qu'illusoire, car leur sort était fixé.

De la prise de Tsing-Tao par les Japonais, nous ne rappellerons que quelques dates. Dès le 24 août 1914, ils commencent à canonner la ville. Le 5 septembre, les avions nippons l'attaquent par des bombes tandis que l'armée tente les approches et s'empare de Tsimo distant seulement de quatre lieues de la place. Le 18, deux forts sont anéantis par l'aviation. Le 25, les troupes anglaises viennent se joindre aux assiégeants. Le 28, les troupes alliées commencent l'attaque générale. Le 4 octobre, elles sont maîtresses du chemin de fer de Chan-Toung, et le 7 novembre, l'assaut final est donné. Le gouverneur Mayer-Waldeck se rendait sans conditions avec plus de 200 officiers et près de 4.500 sous-officiers et soldats.

Inutile de remarquer que la marine et l'armée japonaises montrèrent dans cette opération un courage au-dessus de tout éloge. On considéra comme particulièrement brillante l'attaque du fort central conduite par le général Yamada.

III

Les difficultés du Japon avec la Chine : les douanes du port ; la restitution de Tsing Tao ; la zone de guerre. — Pourparlers entre Pékin et Tokio. — Convention japonaise du 8 juin 1915. — Le Japon aide à la police du Pacifique, à assurer la liberté des voies de mer, à ravitailler la Russie. — Il signe la déclaration de Londres. — La Croix-Rouge japonaise à Paris, à Londres, à Pétrograd. — Conclusions.

L'occupation de Tsing Tao n'alla pas sans créer de nombreuses difficultés à la diplomatie japonaise et, en particulier, à M. Kato, ministre des Affaires étrangères du Cabinet Okuma. Ce fut d'abord la question des douanes du port. Ce service, jusque-là réuni aux douanes maritimes chinoises, avait un personnel international et était réglementé par un *modus vivendi* minutieux qui demandait des ménagements. Les autorités japonaises ne furent pas heureuses dans la manière plutôt brusque de restaurer cet organisme délicat. Elles voulurent supprimer le personnel international pour le remplacer par des agents exclusivement nippons, ce qui souleva immédiatement des protestations de la part du ministère chinois, ainsi que de M. Aglen, inspecteur général des douanes. C'était, en effet, détruire d'un coup de plume l'organisation si fine de sir Robert Hart et, en même temps, compromettre le droit d'indemnité que possédaient les puissances sur la Chine. Ce ne fut que vers le commencement d'août 1915 que se termina ce litige, par un accord qui, tout en avantageant quelque peu les Japonais, restituait à M. Aglen tous les droits inhérents à ses hautes fonctions.

Une nouvelle difficulté était soulevée par un passage du texte même de l'ultimatum envoyé le 15 août à l'Allemagne. C'était à propos de la restitution de Tsing-Tao à la Chine. L'empereur y demandait « de livrer et remettre aux autorités impériales japonaises, sans condition et composition, tout le territoire cédé à bail de Kiao Tcheou, en vue d'une restitution éventuelle dudit territoire à la Chine ». Un certain nombre d'organes de la presse, tant chinoise qu'américaine et même anglaise, ont vu dans cette parole une obligation pour le Japon de remettre à la Chine les territoires récemment occupés. Des polémiques acerbes s'élevèrent au Japon et à l'étranger. Il était, ce semble, assez clair que c'était là donner une fausse interprétation à ce texte qui ne créait au Japon une obligation de restituer que dans le cas où l'Allemagne aurait fait une remise spontanée des susdits territoires en mains japonaises. Mais le cas était bien différent. L'Allemagne n'avait pas daigné répondre à l'ultimatum. Le Japon, poussé à la guerre, parvient par la force, et au prix de sanglants sacrifices, à s'emparer de Tsing Tao. Il le possède, prétend-il, par droit de conquête. C'est ainsi que M. Kato, interpellé au Parlement sur cette question, put répondre qu'il n'avait pas promis de restituer les territoires pris sur la Chine.

Ceci, sans doute, ne signifiait pas qu'on ne les restituerait jamais, mais que, s'ils devaient l'être, on ne le ferait qu'en temps opportun. Il semble bien que cette ligne de conduite soit la meilleure, car, comme le dit le *Japan Mail*, il n'est pas douteux que si le Japon restituait immédiatement Tsing Tao, « il ne s'écoulerait pas trois mois avant que les Allemands y fussent maîtres de nouveau ». D'ailleurs, et c'est là l'opinion la plus répandue, le Japon doit garder l'ancienne colonie allemande jusqu'au Congrès qui doit terminer la guerre européenne. Lui seul sera revêtu d'une autorité suffisante pour régler le différend sans appel.

*
* *

La question de la zone de guerre autour de Tsing Tao fut autrement grave que les précédentes et souleva un conflit redoutable qui faillit faire sombrer le ministère Okuma et allumer la guerre entre le Japon et la

Chine, mais qui, fort heureusement, obtint une satisfaisante solution dans la convention sino-japonaise du 8 juin 1915.

Avant d'envoyer l'ultimatum à l'Allemagne, le Japon s'était ménagé, en cas de refus, les moyens d'attaquer aussitôt l'ennemi, en se faisant octroyer par la Chine qui, dès le début de la guerre européenne, s'était déclarée puissance neutre, une zone libre autour de Tsing-Tao, où les troupes nipponnes pourraient circuler et agir sans être accusées de violation de territoire neutre.

Mais dès le lendemain de la prise de la citadelle, la Chine, vexée sans doute de voir la province du Chan Toung lui échapper de nouveau, elle qui croyait que les dissensions européennes allaient lui rendre Tsing Tao, et aussi poussée par les intrigues allemandes, déclara brusquement, sans entente préalable, par une simple note de son Cabinet, du 7 janvier 1915, que la zone de guerre accordée récemment venait d'être supprimée, et que, le plus tôt possible, la province de Chan Toung devait être évacuée par l'armée nipponne.

Inutile de dire que cette injonction brutale fut regardée à Tokio comme une insulte. Le gouvernement japonais répondit qu'il n'en serait tenu aucun compte, et saisit cette occasion pour régler un certain nombre de différends et de questions pendantes entre les deux nations. Le gouvernement de Pékin dut accepter, et les conférences commencèrent le 2 février. M. Hioki, ministre du Japon à Pékin, se sentit en face d'une opposition systématique, qui se manifestait de toutes les façons, jusqu'au boycottage du commerce japonais. Vers le milieu de mars, de nouvelles troupes japonaises débarquèrent en Chine, pour faire impression et activer les pourparlers. Le baron Kato, ministre aux Affaires étrangères à Tokio, fut accusé de dissimuler à l'Angleterre ses exigences, considérées comme accablantes pour la Chine. Le 1ᵉʳ mai, Lu Cheng Syang, ministre des Affaires étrangères de Pékin, repoussait encore un certain nombre de réclamations japonaises déjà réduites précédemment. M. Hioki éprouva, en cette circonstance, un échec qui allait placer le Cabinet Okuma en mauvaise posture. Le ministère pensait envoyer un ultimatum à la Chine ; le baron Kato songea à se retirer. Washington, qui surveillait la marche des pourparlers, fit paraître, le 15 mai, une note par laquelle il déclarait ne reconnaître aucun accord qui nuirait soit aux droits des États-Unis, soit au principe international de la porte ouverte, soit à l'intégrité de la République chinoise. Le Japon dut se résoudre à traiter dans ces limites, et le 8 juin était ratifiée dans les deux capitales cette convention sino-japonaise dans laquelle il est dit notamment, à propos du Tsing Tao, que si le Japon « obtient au traité de paix la libre disposition de Kiao Tcheou, il rendra ce territoire, à condition que toute la baie soit ouverte au commerce, qu'une concession japonaise soit accordée dans une ville choisie par le Japon, et qu'une concession internationale soit établie, sur la demande des puissances ».

Dans ce traité, le Japon obtenait encore des avantages sérieux, tant en Mandchourie qu'en Mongolie orientale, de telle sorte que, malgré les bornes que le Cabinet de Tokio dut imposer à ses désirs, cette première année de la guerre se terminait pour lui par des résultats très substantiels, dont le plus important sans doute est celui d'avoir bouté dehors un voisin, rival aussi dangereux sur le terrain diplomatique que dans le domaine économique, et, par là, d'avoir également accru son prestige aux yeux du monde civilisé, en manifestant une fois de plus la puissance de sa marine et la vaillance de ses armées.

※

En apprenant la capitulation de Tsing Tao, la presse allemande fulmina des menaces féroces, qui, d'ailleurs, laissèrent les Japonais très indifférents. « L'inévitable s'est produit, s'exclamait le *Lokal Anzeiger* : Tsing Tao est tombé. Un misérable village de pêcheurs chinois était devenu un éclatant témoignage de la culture allemande. Là avait surgi, en une couple d'années, la cité la plus belle, la plus élégante, la plus éprise de progrès de tout l'Orient. Cela devait éveiller la jalousie du peuple aux yeux bridés des îles orientales... Jamais nous n'oublierons l'impudente violence de ces bandits jaunes, ni celle de l'Angleterre, qui les a jetés sur nous. Nous savons que nous ne pouvons espérer régler de longtemps ce compte avec le Japon, qui peut se réjouir de sa lâche fourberie. Mais si jamais le jour des comptes arrive, ce sera alors pour toute l'Allemagne un cri de joie unanime. Malheur aux Nippons ! »

Ce n'est pas, d'ailleurs, le seul grief que les Allemands allaient avoir contre le Japon. Aussitôt que la victoire l'eut rendue libre, la flotte nipponne, qui avait coopéré à l'action contre Tsing Tao, alla prêter main-forte aux navires de guerre japonais qui depuis plusieurs mois aidaient les escadres britanniques, australiennes et françaises à faire la police du Pacifique, à protéger les navires de commerce et à occuper les colonies allemandes de la Polynésie.

Du 6 au 15 octobre 1914, les Nippons s'emparent des îles Mariannes, de Jaluit, des Marshall et du groupe des Carolines, dont ils entreprennent immédiatement la colonisation. C'est encore l'escadre japonaise qui, après la surprise des croiseurs anglais sur la côte du Chili le 1ᵉʳ novembre 1914, pendant une violente tempête, ferme, à l'escadre allemande victorieuse, le chemin du retour du Pacifique et l'oblige à chercher un asile vers les détroits du Sud de l'Atlantique où, un mois plus tard, le vice-amiral Sturdee, à la hauteur des îles Falkland, les attaque et répare glorieusement l'échec de novembre. Le *Sharnhorst*, le *Gneisenau*, le *Leipsig* sont coulés ; quelques jours après, le *Nuremberg* et le *Dresden* subissaient le même sort. Ainsi disparaissait toute menace allemande sur le Pacifique.

La flotte japonaise faisait aussi le guet autour des Pescadores et de Formose, ainsi que dans le voisinage des Philippines, afin de retenir dans les ports les navires de commerce teutons. Il est hors de doute que le concours japonais fut des plus efficaces pour obtenir et maintenir la liberté, non seulement du Pacifique, mais encore des mers du Sud et de l'océan Indien, à l'aide de laquelle l'Amérique, l'Asie et l'Europe allaient pouvoir communiquer sans encombres.

Ajoutons que si, par ce concours, le Japon a bien mérité des alliés, il a encore augmenté ses droits à la gratitude, en prenant une part importante tant à la protection des navires de transport qu'au ravitaillement des armées russes. Cette coopération à l'entretien de nos alliés est d'une importance capitale et demeurera à jamais un titre d'éloge pour l'empire des îles orientales.

*
* *

Après cette généreuse contribution à l'action des alliés en Extrême-Asie, le Japon a voulu en même temps participer à tous les actes importants de ces mêmes puissances en Occident. Tout le monde se souvient de son adhésion à la déclaration de Londres du 4 septembre 1914, par laquelle les nations de l'Entente se sont obligées à ne pas signer de paix séparée. Il enverra, plus tard, à Paris un représentant, le baron Sakatani, ancien maire de Tokio, ancien ministre des Finances, pour prendre part à la conférence qui eut pour objet d'assurer l'avenir économique des alliés contre les menaces austro-allemandes.

Comment, enfin, ne pas noter en terminant le grand et bel acte de générosité accompli par le Japon quand il a envoyé à Paris, à Londres et à Pétrograd ses trois ambulances de la Croix-Rouge, remarquables autant par le dévouement de ses infirmiers et infirmières, la perfection de son matériel chirurgical, que par la haute valeur scientifique et l'habileté professionnelle de ses chirurgiens ? L'œuvre médicale accomplie par ces trois organes est considérable. La France, en particulier, gardera vivant le souvenir de ce témoignage d'amitié que lui a donné une nation qui lui est sœur par l'esprit d'humanité et de dévouement qu'elle a maintes fois manifesté. Les vertus caractéristiques du peuple japonais le plaçaient naturellement dans le camp des alliés contre la fameuse culture teutonne, dont l'univers aura pu apprécier à loisir le haut idéal d'humanisme, de loyauté et de bienfaisance. Dans la grande union des nations civilisées contre la barbarie scientifique, le Japon s'est montré un ouvrier d'une mâle énergie, et ce sera son éternel honneur d'avoir coopéré avec nous à affranchir l'Europe et l'Asie de la culture germanique et à préparer le monde nouveau qui doit être inondé du fécond rayonnement de la vérité, de la justice et de la fraternité.

CHAPITRE II

Le rôle du Japon dans la guerre actuelle

9 Juillet 1915.

Un article tout récent d'une revue japonaise semble reproduire avec assez d'exactitude ce qu'on pense à Tokio, après un an de guerre, du gigantesque conflit européen. Le jugement et les prévisions des hommes politiques des rives de la Sumida-gawa sur les conséquences des événements présents sont du plus haut intérêt ; ils nous montrent comment ce peuple d'Extrême-Orient, dont l'ouïe est si fine et l'œil si éveillé, perçoit l'avenir, au sein des perturbations actuelles.

Au début, l'auteur se pose cette question : Quand se termineront les hostilités ? S'il est trop tôt, répond-il, pour en prévoir exactement la fin, on doit cependant affirmer qu'elle est prochaine. Les dépenses de milliards accumulées, les hécatombes innombrables de victimes ne peuvent se continuer longtemps. Sans doute des événements extraordinaires comme ceux-ci exigent une ténacité et une endurance non moins extraordinaires, mais à tout, à l'héroïsme lui-même, il y a une limite.

Le conflit se terminera-t-il par une bataille décisive ou par un traité de paix élaboré sur les positions actuelles des adversaires ? Chacune de ces deux alternatives est possible, mais dans ce dernier cas il est difficile de prévoir quelles seraient les clauses de la paix. De toute façon, cependant, il y aura un changement radical dans la situation européenne. Le maintien du *statu quo*, qui conserverait les frontières telles qu'elles existaient avant la guerre, ne sera probablement accepté par aucun des belligérants. Ce remaniement de la carte fera peser une lourde anxiété sur les nations, lorsque le moment de l'entreprendre sera venu, anxiété qui serait cependant très atténuée dans l'hypothèse de la victoire complète d'un des deux adversaires. Chaque parti a donc intérêt à porter à l'ennemi le coup fatal, dût-il aller jusqu'aux extrêmes limites de ses ressources.

Après avoir soutenu que les alliés ne réussiront pas à causer à l'Allemagne une défaite économique, l'écrivain japonais envisage l'hypothèse d'une paix basée sur le *statu quo* (1), et il cherche à en découvrir les conséquences qui intéressent son pays, il est aisé de le comprendre, d'une façon particulière.

Si la paix se traite sous cette forme, chaque nation doit retrouver sa condition première ; aucune n'acquiert de nouveaux territoires ; toutes les provinces prises à l'ennemi lui sont restituées ; pas d'indemnités de guerre comme cela s'est passé dans le conflit russo-japonais. Les prétentions d'obtenir du vaincu d'énormes indemnités ont fait leur temps, elles sont devenues de l'uto-

---

(1) Nous publions cette hypothèse, que l'écrivain, du reste, repousse, on le verra. Mais nous tenons à dire qu'elle nous paraît impossible. Les alliés s'exposeront à tout plutôt que de l'accepter.

pie. Le seul résultat des guerres modernes est de grever les nations de dettes et d'impôts sans fin. C'est là le sort douloureux qui atteindrait la Belgique en récompense de la glorieuse défense de sa neutralité. Après la Belgique, la nation qui souffrirait le plus serait la France, dont l'Allemagne cherche à épuiser les vastes ressources financières.

Les deux grands antagonistes dans cette lutte colossale sont l'Angleterre et l'Allemagne, dont le sol n'a pas encore été foulé par l'ennemi, tandis qu'au contraire elles ont elles-mêmes envahi des territoires.

A ce point de vue, elles ont moins souffert, mais l'Allemagne, attaquée de toutes parts, est exposée à faire des pertes extrêmement lourdes, tandis que l'Angleterre, plus à l'abri, a pourtant cet énorme souci pour l'avenir de perdre la maîtrise maritime si elle n'arrive pas à atteindre la flotte allemande et à la détruire.

Jusqu'ici c'est l'Allemagne qui semble avoir eu le plus de déceptions. Ses efforts pour obtenir le contrôle de la Belgique afin de se créer une base d'opérations navales contre l'Angleterre ont été inutiles. L'Angleterre, la France, auxquelles vient de se joindre l'Italie, gardent indiscutablement la suprématie sur les mers. Tant que les armées françaises, russes et italiennes seront intactes, elles encercleront graduellement les troupes de la coalition. Cela constitue sans doute une tache sombre dans l'horizon de l'Allemagne. L'hégémonie allemande ne pourra se dresser que sur les ruines des armées alliées. La Confédération germanique sera-t-elle capable d'un tel effort? Cette incertitude doit être pour le kaiser la cause d'un amer tourment.

Revenant à la question de la paix dans le *statu quo*, l'écrivain japonais exprime l'opinion que, dans ce cas, la situation de l'Angleterre après la guerre serait bien inférieure à ce qu'elle était avant les hostilités. Au point de vue anglais, il est donc essentiel qu'avant de penser à traiter, l'ennemi ait reçu le coup mortel. L'Angleterre a le devoir de pousser la lutte jusqu'à la décision finale, c'est-à-dire jusqu'à l'abaissement définitif de l'Allemagne.

Quelle sera maintenant l'attitude du Japon pendant le conflit? Il doit prêter une grande attention au sort de l'Allemagne, dont il a excité l'animosité à un degré tel que son avenir serait compromis si les résultats n'étaient pas satisfaisants. L'alliance anglo-japonaise le protégera sans doute, à condition que l'Angleterre garde sa domination sur les mers.

Une question des plus graves sortira de ce conflit : quelle attitude prendront les puissances alliées à l'égard de la Chine? Si les belligérants faisaient la paix dans les conditions existantes avant la guerre, les résultats deviendraient fatals aux intérêts les plus essentiels du Japon en Asie orientale, et cette nation serait peut-être obligée de changer à la fois ses ambitions et sa politique...

Il est difficile d'indiquer plus explicitement que dans cette pensée finale, quelle grande importance a pour le Japon la victoire complète des alliés. Le *statu quo* serait pour lui une défaite, puisqu'il serait tenu de restituer à l'Allemagne le port de Tsing-Tao dont il s'est emparé après s'être concerté avec l'Angleterre, ruinant ainsi l'influence allemande en Chine. La victoire de l'Allemagne serait peut-être pour lui une déchéance irrémédiable, car l'Allemagne, ayant conquis l'hégémonie en Europe, serait aussi par le fait toute-puissante en Asie. A quoi aurait servi au Japon sa politique de pénétration en Chine dans l'hypothèse de la défaite des alliés ? Il semble bien que tous ses efforts auraient été vains. Perdus les avantages de la prise de Tsing-Tao qui lui accorde tous les profits qu'avait obtenus l'Allemagne dans la province de Chang-tong, c'est-à-dire, avec la concession du chemin de fer de Tchefou à Tsinanfou, l'influence sur toute cette province. Inutiles, les gains obtenus récemment, tant en Mandchourie méridionale qu'en Mongolie intérieure orientale, et surtout au Foh-kien, où le Japon s'est ménagé des immunités afin de préserver sa colonie de Formose de toute menace étrangère.

Il n'y a, pour le Japon, qu'une politique sage et prévoyante, c'est d'aider le plus qu'il le pourra au triomphe des alliés, de travailler à la ruine de l'Allemagne avec autant de ténacité que l'Angleterre, la France, la Russie et l'Italie, car la victoire teutonne lui serait presque aussi funeste qu'à sa grande alliée d'Occident. Cette coopération active lui garantira l'influence acquise en Extrême-Orient, en même temps qu'elle lui donnera droit à de nouveaux avantages proportionnés aux sacrifices qu'il se sera imposés dans cette lutte colossale entreprise contre la barbarie par toutes les nations civilisées.

CHAPITRE III

L'alliance russo-japonaise. — Le troisième centenaire de la fondation du Shogunat des Tokugawa. — Le prochain couronnement de l'empereur.

1ᵉʳ Septembre 1915.

La crise ministérielle que le Japon vient de traverser aura eu cet heureux résultat de porter au ministère des Affaires étrangères S. Exc. le baron Ishii, actuellement ambassadeur à Paris, que l'on sait grand ami et admirateur de la France et tout affectionné à la cause des alliés. La société franco-japonaise qui lui a offert, ces jours derniers, un banquet d'adieu, car il doit quitter Marseille au commencement de septembre, l'a vivement félicité et lui a témoigné sa grande satisfaction de lui voir assumer cette haute charge. A cette heure importante entre toutes où se fait sentir la nécessité immédiate d'une alliance russo-japonaise, sa présence à Tokio sera des plus utiles ; la cause des alliés ne pouvait être confiée à de meilleures mains.

La carrière de M. Ishii est connue. Sous-Secrétaire d'Etat aux Affaires étrangères à Tokio, puis envoyé extraordinaire chargé de missions délicates dans les pays annexés d'Extrême-Orient, il fut ensuite envoyé comme ambassadeur à Paris où, pendant trois années, il acquit l'expérience de la politique européenne. Par son ascendant et son crédit, il peut sérieusement contribuer à faire aboutir cette alliance si urgente de son pays avec la Russie, alliance qui doit non seulement aider à abattre la monstrueuse Germanie, mais aussi à assurer à l'Empire du Soleil Levant la réalisation de ses aspirations légitimes d'expansion en Extrême-Asie. Les vues du Japon sur la Chine ne se bornent pas aux provinces limitrophes de la Corée, mais s'étendent encore par delà le bassin du Hoang-Ho jusque dans les régions qu'arrose le Fleuve Bleu. N'est-il pas naturel, dès lors, qu'il recherche l'appui de la Russie, puissance qui a la plus forte emprise continentale sur le monde jaune? D'ailleurs les ententes russo-japonaises conclues depuis dix ans ne sont-elles pas des bases solides pour une alliance définitive?

Cette orientation comporte sans doute certains risques d'avenir que, seule, une diplomatie prudente pourra conjurer. La Russie elle-même a connu les périls d'un aussi vaste programme. Malgré tout, au point de vue des avantages matériels, l'alliance russo-japonaise est logique. Elle doit se réaliser.

Aussi bien, ce n'est pas toujours l'unique question des avantages concrets qui décide d'une alliance. Il est possible que seul un motif d'honneur, de dignité ou encore un sentiment de magnanimité, qui porte une nation à se dévouer au progrès de l'humanité et à l'avènement de la justice universelle, rapproche plusieurs peuples et leur fasse contracter une alliance.

Voici comment répond, avec beaucoup d'à-propos, le *Japan Times*, un journal japonais rédigé en anglais, dans une polémique toute récente sur cette question des alliances : « Vous dites que les nations ne s'unissent entre elles que pour se tailler la part du lion ou se procurer quelque autre avantage purement utilitaire; contre une prétention si fausse, nous protestons énergiquement. On ne peut nier, sans doute, que certaines nations en ont usé ainsi, mais on doit remarquer que ce sont celles qui ont le moins de certitude de survie et qui sont le plus méprisées et haïes dans le monde. L'individu qui n'agirait que par un motif d'intérêt personnel serait chassé d'une communauté civilisée. L'idéal moral moderne exige que l'individu agisse pour le bonheur de tous. Ainsi en est-il pour les nations : la même loi les régit. Il n'est plus le temps où ce qui était bon pour l'individu était mauvais pour la communauté. La civilisation moderne exige que les peuples respectent et observent les mêmes règles que les particuliers. D'où il suit que les nations, qui désirent demeurer dans le même groupe familial, doivent observer le même idéal moral. Aucun Etat qui se respecte ne peut proposer la théorie du parfait égoïsme comme base des rapports internationaux, et les Anglo-Saxons, moins que tout autre, n'admettraient que l'intérêt personnel matériel ait été le principal mobile de leurs alliances et en particulier de celle qu'ils ont contractée avec le Japon.

« Si le peuple anglais ne croyait pas que le motif déterminant de cette alliance fût moral, il ne tarderait pas à la dénoncer et à la briser. Le véritable motif de cette alliance n'est autre que la paix du monde, par l'équilibre des forces, et le bien des nations faibles.

« Cessons cette discussion avilissante, ajoute l'écrivain japonais, et pour traiter cette grande question d'alliance avec la Russie, ne jetons pas tant les yeux sur les intérêts matériels que sur les grands motifs d'ordre élevé qui conviennent aux nations civilisées. »

N'hésitons pas à faire remarquer, d'autre part, que ce sont ces théories purement utilitaires introduites dans les rapports internationaux qui ont plongé l'Europe dans l'épouvantable guerre actuelle et engagé l'Allemagne dans une tourmente qui la conduira inéluctablement à sa ruine. Ces théories brutales doivent dorénavant faire trébucher les nations qui les adopteront. Elles reposent sur ce faux principe que le droit c'est la force, et que les États peuvent légitimement s'emparer de tout ce qu'ils ont la puissance d'obtenir par les armes. Rien ne serait plus nuisible au Japon que de prétendre se diriger d'après ces principes amoraux qui ne sont plus de notre temps.

Il semble bien que la signature du traité d'alliance russo-japonaise ne soit plus qu'une question de semaines. Vers la fin de juin, les genro, les anciens, les gardiens des traditions politiques qui ont fait la grandeur de leur pays, se prononçaient clairement, sur l'initiative du marquis Inouyé, en faveur de l'alliance. Un peu plus tard, le 1ᵉʳ août, M. Sazonoff, faisant allusion à l'alliance indirecte qui existe déjà entre les deux pays, l'un et l'autre adversaires de l'Allemagne, disait à la Douma : « Nos rapports d'alliance actuels avec le Japon doivent être les avant-coureurs d'une alliance plus étroite encore. »

Le terrain est tout prêt. Il suffirait peut-être d'un dernier conseil de l'Angleterre, alliée du Japon, pour produire le déclanchement qui réalisera ce grand acte de politique international. Elle le donnera, nous n'en doutons pas. Mais il ne faudrait pas que ce fût trop tard. Un long ajournement pourrait entraîner de lourdes responsabilités. La clause du contrat qui traitera de la coopération immédiate du Japon aux côtés de la Russie contre l'Allemagne ne sera pas de mince importance. S'agira-t-il seulement d'une intervention du matériel de guerre japonais ou, de plus, de l'envoi éventuel d'un certain nombre de corps d'armée? Il semble bien qu'actuellement la question du matériel et des munitions prime tout pour la Russie, et ce n'est pas sans quelque satisfaction que nous avons appris qu'à partir du 1er septembre elle recevra quotidiennement un stock de munitions considérable et que, pour augmenter leurs envois, les Japonais construisent hâtivement des voies ferrées. S. Exc. le baron Ishii ne vient-il pas de déclarer, d'ailleurs, dans une interview toute récente, que c'était pour le Japon « un devoir impérieux d'examiner ce qu'il y aurait encore à faire pour pousser la possibilité de l'aide du Japon au maximum »? Ne sommes-nous pas ici en présence de faits attestant l'existence d'une alliance russo-japonaise avant même la signature du traité qui doit la ratifier? Puisse-t-il être signé à brève échéance.

*
* *

Cet automne sera au Japon le témoin du plus imposant spectacle historique que la terre des mikados aura jamais vu. Il s'agit de solennités merveilleuses qui vont se dérouler à l'occasion du troisième centenaire de la fondation du Shogunat des Tokugawa.

Pour comprendre l'importance de ces fêtes commémoratives, il est absolument indispensable de se rappeler brièvement ce que sont dans l'histoire du Japon et le Shogunat et les Tokugawa, ce qu'ont été au xvie siècle cette institution et aussi le célèbre personnage qui l'a sinon créée de toutes pièces, du moins portée à sa dernière puissance.

Shogun jusqu'au ixe siècle signifiait simplement : général. Il y avait aussi le Sei-i-Tai-shogun, titre rarement accordé, qui était celui du commandant en chef d'une expédition contre les sauvages Aïnos. Après la défaite définitive de ces derniers, cette charge devint inutile, mais le titre de Taishogun : généralissime, demeura, et fut quelquefois concédé à vie. En 1192, Yoritomo, le vainqueur de Dan-no-Ura, bataille navale près de Shimonosaki, obtient la direction des affaires de l'empire. Il exige de l'empereur le titre de Tai-shogun qui devient, entre ses mains, synonyme de chef du parti militaire qui gouverne effectivement tout le pays. Il est le fondateur du Shogunat. L'empereur gardait la souveraineté absolue de droit, mais de fait, le *shogun*, qui demeurait toujours son humble sujet, son délégué, détenait, en réalité, une grande partie du pouvoir à la façon des maires du palais, sous les Mérovingiens, à partir de Pépin d'Héristal. Ce dualisme de gouvernement se prolongea jusqu'au milieu du xixe siècle à la révolution de 1868 où le mikado reprit la direction effective de l'empire. Mais la grande période du Shogunat fut précisément celle dont on va célébrer l'anniversaire cet automne : l'époque du *Shogunat des Toku-*

gawa, qu'inaugura au début du xviie siècle le fameux Iyeyasu, un des plus grands généraux et des plus puissants hommes d'Etat qu'ait jamais produits le Japon. Pour lui, le *Shogunat* devint la monarchie absolue. Si l'empereur continua d'exister, ce ne fut que théoriquement. Iyeyasu centralisa en sa main toute la puissance qu'il employa à faire monter dans toutes les branches de l'empire comme une sève nouvelle. Grand capitaine, profond politique, législateur, ardent protecteur des lettres et des arts, il a laissé l'empreinte de sa main de fer dans tout l'organisme de la société japonaise. Il fonda Yedo, actuellement Tokio, dont il fit sa capitale. Après avoir assis son œuvre sur une base solide, il abdiqua, selon la coutume (1605), en faveur de son fils et se retira à Shizuoka, dans la province de Suruga, à quelque distance de la mer, où, entouré de savants, de littérateurs et d'artistes, il partagea les dix dernières années de sa vie entre la culture des lettres et des arts et l'administration de l'empire dont il avait gardé toutes les charges, n'en laissant à son fils et successeur que les pompes extérieures.

Il mourut le 7 juin 1616. Ses restes furent transportés au sein des montagnes sauvages de Nikko qu'il avait choisies pour sa sépulture. C'est là qu'il repose sous les ramures séculaires des cryptomerias géants, au milieu d'un silence que n'interrompt que le murmure des cascades, au sein d'une cité mystérieuse de temples éblouissants d'or et de laques précieuses, nécropole féerique qui ravira à jamais d'admiration toutes les générations qui viendront la contempler. Durant mon séjour au Japon, j'eus l'occasion de faire une visite à ces sanctuaires de l'art japonais. J'ai essayé de fixer dans un volume (1) mes impressions. Mais la plume sera à jamais impuissante à exprimer tant de beautés réunies, et la description même que Loti nous en donne dans ses *Japoneries d'automne*, quelque puissance d'évocation qu'elle recèle, n'offre guère qu'un pâle reflet de la magnificence de ces mausolées et de la poésie grandiose des sites incomparables qui les renferment.

Tel est l'illustre personnage dont on va célébrer le troisième centenaire en cet automne. Commencées en juin du 1er au 7, ces fêtes vont se poursuivre en septembre du 17 au 22 et en octobre du 11 au 25. Elles représenteront les scènes et les traits les plus caractéristiques de la grande époque féodale dont nous venons d'esquisser l'histoire. Données simultanément à Tokio, l'ancienne Yédo, la vieille capitale que fonda Iyeyasu, à Shizuoka, le lieu de sa retraite et de sa mort, et à Nikko où reposent ses cendres et se dresse son mausolée, elles seront répétées trois fois aux dates que nous venons de relater. On annonce des cortèges historiques avec les anciens costumes des temps féodaux ainsi que des représentations quotidiennes des danses antiques du Kagura, pantomime sacrée du culte shintoïste; chaque jour aussi on jouera quelques-uns de ces fameux drames lyriques appelés Nô, tant shintoïstes que Bouddhistes, ainsi que des comédies en prose Kyogen, espèces de farces populaires qui se représentaient entre les danses des Nô.

On pourra aussi admirer des exhibitions d'art mili-

---

(1) *Ruines et mausolées japonais.* Maison de la Bonne Presse, 3 fr. 50.

taire ancien qui ne seront pas la partie la moins surprenante de ce merveilleux programme. Enfin, des érudits et des savants sont chargés de donner des conférences qui expliqueront ces curieux faits et gestes évocateurs d'un glorieux mais lointain passé à jamais aboli.

*
* *

Après les fêtes du troisième centenaire, cet automne, qui va être privilégié entre tous, verra également le couronnement du nouvel empereur du Japon. On se souvient que la date du sacre a été retardée par la mort de l'impératrice douairière. Il aura donc lieu dans le courant de novembre prochain. Une commission impériale, sous la présidence du prince de Fushimi, a été constituée pour l'organisation et la conduite de cette solennité. C'est à Kyoto qu'elle aura lieu au milieu d'un appareil essentiellement shintoïste. On sait que Kyoto a été jusqu'au milieu du XIXe siècle la capitale impériale et religieuse du Japon. C'est toujours à Kyoto que les mikados ont vécu et qu'ils ont été sacrés. Ce n'est pas au palais du Gosho, l'antique résidence des mikados, que descendront leurs majestés l'empereur et l'impératrice, mais au palais du Nijo, actuellement leur résidence d'été. Ce palais n'est autre que le château des Shoguns que Iyeyasu lui-même fit construire pour y descendre quand il serait de passage à Kyoto. Les successeurs se sont plu à l'embellir, et il est encore, malgré les détériorations que lui firent subir certains fonctionnaires trop modernistes, un des joyaux artistiques de la vieille cité mikadonale que l'on regarde à juste titre comme le cœur du Japon.

Extérieurement, le Nijo est une forteresse féodale avec son enceinte de pierres cyclopéennes simplement superposées, avec ses tours de guet, ses fossés larges et profonds, aux eaux couvertes de lotus, mais à l'intérieur c'est un rêve d'or. Les grands peintres et sculpteurs japonais qui l'ont ornée l'ont fait avec un art décoratif grandiose dont nous n'avons pas d'équivalent en Occident. On cite particulièrement l'immense salle d'audience, appelée Go Taimeijo, que l'on regarde comme l'appartement le plus beau de tout le palais. Il brille, étincelle, pétille positivement d'or, mais discrètement, légèrement, et la taille extraordinaire et la hardiesse surprenante des pins qui profilent leurs troncs et leurs branchages sur ce fond doucement scintillant produisent une impression de beauté étrange qui fait regarder cette œuvre comme incomparable. Certains voient dans cet ensemble un prodige d'art qu'aucun autre peuple n'aurait su réaliser.

Après le couronnement, Leurs Majestés se rendront au fameux temple shintoïste de Yamada, capitale religieuse du shintoïsme dans la province d'Isé. Elles y prieront devant les esprits des ancêtres impériaux dans le temple appelé Naigu, qui date, assure-t-on, du premier siècle avant Jésus-Christ, et qui renferme, paraît-il, le miroir d'Amaterasu, la déesse du Soleil, miroir célèbre dont parle le *Kojiki*, la plus ancienne chronique nationale dont la composition remonte au VIII° siècle de notre ère, et qui contient les origines mythiques et légendaires de l'empire japonais.

CHAPITRE IV

L'alliance russo-japonaise : Le point de vue japonais. — La mort du marquis Inouyé. — Les fêtes du couronnement à Tokio et à Kyoto.

4 Novembre 1915.

La presse japonaise s'est occupée attentivement, ces dernières semaines, de l'alliance du Japon avec la Russie et, comme on pouvait s'y attendre, deux opinions très tranchées se sont formées, l'une préconisant cet acte politique, l'autre, de beaucoup la plus puissante, le considérant comme inopportun, sinon dangereux.

Avant de signer ce pacte, nous disent les écrivains nippons, la prudence la plus élémentaire nous oblige à examiner les rapports qu'il aura avec les trois objets principaux de notre politique internationale, savoir : l'alliance anglo-japonaise, la guerre actuelle et enfin la question chinoise qui, pour nous, est peut-être la plus importante.

Les uns demandent qu'on signe le traité au plus tôt. En effet, dit le journal *Yamato*, sous la signature de M. Takui, les intérêts du Japon dans le Nord réclament une garantie qu'assurerait certainement une alliance avec la Russie. D'ailleurs, continue le *Kokumin* (qui ne voit en cet acte aucune incompatibilité avec l'alliance anglaise), puisque les relations actuelles avec la Russie sont les mêmes que si les deux peuples étaient alliés, pourquoi ne les consoliderions-nous pas par un traité ferme ? Aussi bien ces deux peuples actuellement unis, qui ont l'Allemagne comme ennemi commun, auront encore un besoin plus intense de s'appuyer l'un sur l'autre après la guerre qu'actuellement : « Nul n'ignore les difficultées que susciteront l'influence pro-allemande en Russie et l'influence pro-russe en Allemagne. D'ailleurs, il ne manque pas d'exemples qui démontrent que la guerre rapproche parfois deux ennemis après les hostilités, et que si le Japon n'est pas alors fermement accroché à la Russie, il pourrait se voir supplanté par l'Allemagne. Que deviendraient alors ses intérêts vitaux en Extrême-Orient ? »

Voici, d'autre part, comment l'opinion adverse soutient qu'il n'y a pas urgence à conclure le traité.

Elle pose en principe que l'alliance anglo-japonaise est la base inébranlable de toute la politique du Japon en Extrême-Orient. Il faut en conséquence que toutes les conventions faites avec d'autres peuples s'harmonisent avec cette alliance. En outre, quand il s'agit d'un acte aussi sérieux que celui-ci, on ne doit s'y déterminer que par un mobile grave, comme un but important à atteindre, auquel on ne puisse parvenir par d'autres moyens. Quels sont donc les motifs qu'on allègue pour nous pousser à l'alliance avec la Russie ? Le plus répandu est celui-ci : l'Allemagne est l'ennemi du Japon, donc unissons-nous contre elle avec notre grand voisin du Nord. Mais cela est déjà réalisé. Suivant nos obligations créées par l'alliance anglaise, nous nous

IV. — L'ALLIANCE RUSSO-JAPONAISE (suite)

sommes loyalement unis à la Quadruple-Entente et nos relations à son égard sont pratiquement celles d'alliés ; pourquoi distinguerions-nous la Russie des trois autres grandes puissances européennes ? « D'ailleurs, ne sommes-nous pas de fait avec cette dernière dans un degré d'intimité tel qu'il équivaut à une alliance ; pourquoi irions-nous donc plus loin, quand nous avons à craindre que ce nouveau traité ne soulève sans raison des soupçons à notre endroit et ne fasse tort à nos intérêts chez quelque tierce puissance. »

Un autre point capital à considérer, d'après les tenants de cette opinion, avant de prendre un parti, c'est la fameuse question chinoise. La Chine est actuellement un marché pour lequel le monde entier est en rivalité ; or, le Japon considère son existence comme enveloppée dans le problème chinois, et c'est pour cela qu'il est prêt à tous les sacrifices qui doivent assurer son avenir. Cette question fut la cause de la guerre avec la Russie, et c'est elle qui fut l'objet de tous les accords conclus avec cette grande puissance.

Actuellement sans doute, durant la guerre européenne, les nations occidentales semblent délaisser la question chinoise, « mais, après la guerre, leurs appétits commerciaux en Chine vont se manifester derechef, et, si elles ne s'entendent pas, si l'une des puissances occidentales brise avec les autres, n'est-il pas à craindre que se déchaîne une nouvelle mêlée internationale ? Il est donc très important que le Japon et la Russie conservent leurs cordiales relations et se tiennent prêtes à faire face à toutes conjonctures possibles ».

Voici, d'après M. Ijuin, ancien ambassadeur en Chine, l'attitude que doit garder le Japon : « il doit observer rigoureusement l'alliance anglo-japonaise. Un traité avec la Russie n'a sans doute rien d'incompatible avec cette dernière, mais on fera mieux d'attendre que nous ayons plus de lumière, et alors, si nous devons le conclure définitivement, nous aurons soin que cela ne porte aucune atteinte aux intérêts de l'alliance avec l'Angleterre. Pour le présent, nos conventions avec la Russie suffisent; elles peuvent faire face à tous les besoins, et alors pourquoi nous entraver par des nouvelles clauses qu'il faudra peut-être modifier après la guerre européenne? »

On a pu remarquer que cette opinion, qui pousse au noir les futurs antagonismes sur le marché chinois, ne tient aucun compte ou à peu près du soutien que précisément lui apporterait sur ce point l'alliance avec la Russie si elle se faisait pendant la guerre, tandis qu'après, comme l'ont indiqué les tenants de la première opinion, si le Japon n'a pas été lié solidement à la Russie, n'est-il pas à craindre qu'il se voie supplanté par quelque autre nation?

Tel est l'état actuel des esprits au Japon. En attendant, il est agréable de voir que réellement les rapports des deux empires sont aussi intimes que s'ils étaient alliés. Toute l'industrie du Japon est mobilisée pour fournir des munitions et provisions de toutes sortes sur le front oriental. Le ministère de la Guerre n'a-t-il pas affecté 1.200 usines, avec un personnel de 100.000 ouvriers, à l'exécution de commandes pour la Russie? Le Japon s'est offert lui-même à envoyer des troupes en Europe. Matériellement et moralement, ce peuple fait tout ce qui dépend de lui pour assister sa grande voisine dans la lutte présente.

Non seulement le Japon se montre généreusement dévoué à la Russie, mais, comme nous l'avons vu, il observe scrupuleusement son alliance avec l'Angleterre. Les événements semblent se précipiter dans les Balkans. S'ils tournaient en faveur de l'Allemagne, ce serait sa mainmise sur Constantinople. C'est le sort des colonies anglaises en Asie qui est en jeu. Mais voici qu'un déclanchement automatique de ce traité doit appeler dans la mer Egée, et peut-être aussi sur le front oriental, de nombreux contingents nippons. Ils apporteront à leurs alliés et à leurs amis tout le courage réfléchi et la ténacité qui les caractérisent, et qui font du soldat japonais un des premiers soldats du monde.

Puissent-ils arriver avant l'étranglement de l'héroïque Serbie par l'odieuse nation de proie à laquelle vient de s'unir ce métèque éhonté qui gouverne la Bulgarie, et dont le burin de l'histoire ne saura trop flétrir à travers les siècles l'insigne trahison.

***

Le marquis Inouyé, dont nous avons appris la mort il y a quelques semaines, eût sans doute, en qualité de « genro », d'ancien, fait peser son autorité au conseil de l'empereur pour hâter ce concours de la flotte et de l'armée japonaise, en Occident. Il est un de ceux qui ont le plus travaillé à la grandeur de sa patrie. On doit le ranger au nombre des fondateurs du Japon moderne. Né en 1835, il fut, durant sa vie de jeune homme, un des chefs de la conspiration contre la puissance shogunale et par conséquent un des créateurs du grand mouvement de restauration impériale, mais, en revanche, il était alors avec ses partisans un des plus fougueux adversaires de l'influence étrangère. On raconte même que lorsqu'il apprit que le gouvernement eut autorisé la construction des légations européennes à Tokio, lui et son ami Ito qui, plus tard, devint le prince Ito, protestèrent énergiquement et qu'ils n'hésitèrent pas, quand la légation d'Angleterre fut achevée, d'y mettre eux-mêmes le feu.

En 1864, Ito fit une visite secrète en Angleterre. Inouyé, son ami, l'accompagna. A leur retour, ils se trouvèrent transformés : leur manière de juger les choses d'Europe était tout autre qu'à leur départ. Ils devinrent, dès lors, les zélés promoteurs des idées occidentales dans leur pays. Mais, moins favorisé que son compagnon, Inouyé vit une cabale se former contre lui, il fut attaqué et blessé grièvement par des samuraï xénophobes. Il guérit, mais conserva toute sa vie les traces de ses blessures.

En 1866, il commande avec Omura les troupes qui combattaient l'armée du shogun. Le parti des réformateurs est victorieux. Les clans de Satsuma et de Tosa se rallient au mouvement de rénovation nationale. En 1867, la restauration est achevée, et le Japon entre dans la glorieuse période de Meiji.

L'année suivante, en récompense de sa coopération à l'œuvre de régénération accomplie, Inouyé reçoit la charge de vice-ministre des Finances sous le comte Okuma. En 1873, il donne sa démission en condamnant l'abus des dépenses et des émissions de papiers-monnaie dans un mémoire remarquable. Au commencement de 1876, il est envoyé en Corée avec le comte

Kuroda, en qualité de vice-plénipotentiaire, pour obtenir satisfaction d'un outrage fait à un navire japonais. En mars de la même année, il suit Ito dans sa retraite, mais accepte peu après un siège de sénateur. On le trouve ensuite ministre des Travaux publics, des Affaires étrangères, de l'Agriculture, de l'Intérieur, de l'Instruction publique, plénipotentiaire en Corée en 1894. C'est là un des épisodes de sa vie qu'on connaît le mieux en Europe. On sait que, malgré son talent d'organisateur, il ne put, pour des causes indépendantes de sa volonté, réussir à mettre ordre dans le chaos où était tombée l'administration intérieure de la Corée. Le général Miura, qui lui succéda, fut encore moins heureux. On se rappelle le coup d'État du 8 octobre 1895 où le roi de Corée s'enfuit à la légation de Russie. En 1898, Inouyé, qui était ministre des Finances, se retire de la vie publique, mais il n'a pas cessé dans sa vieillesse de s'occuper des affaires tant par ses intrigues que par les conseils qu'il donnait à l'empereur. Un des plus grands chagrins de sa vie fut la fin tragique de son ami le prince Ito, en 1909, qui, comme on le sait, fut assassiné par un fanatique coréen à Kharbin où il était allé pour négocier avec le ministre des Finances russes.

Inouyé « avait le visage ramassé, les yeux étroits, le front haut et la bouche large, accusée par la moustache ». Souple, rusé, ardent, très sûr de lui-même, il dépassait peut-être comme moyens le prince Ito que les étrangers ont longtemps considéré comme le guide incontesté du Japon, mais qui, malgré son habileté, manqua de fermeté de caractère et de précision dans l'esprit, reculant devant les responsabilités qu'un véritable chef ne doit pas craindre. Le marquis Inouyé fut un homme d'État d'une forte intelligence et d'un patriotisme ardent. Son habileté comme diplomate et financier était universellement reconnue. La noblesse de son caractère et sa haute culture avaient attiré sur lui tous les regards. Il fut un des meilleurs artisans du nouveau Japon, et c'est à ce titre qu'il vivra dans l'histoire.

*
* *

La mort de ce grand homme d'État, qui contribua si ardemment à la restauration impériale de 1868, qui assista au sacre de Mutsu-Hito, l'empereur défunt, dont le règne devait être si glorieux, ne précède que de quelques semaines le couronnement du nouvel empereur du Japon. Cet événement est actuellement le sujet de toutes les conversations dans l'archipel. Il doit avoir lieu les 10, 11 et 12 novembre. J'ai déjà légèrement touché le sujet dans mon précédent article ; il mérite quelque développement tant à cause de sa rareté que de la majestueuse beauté de sa mise en scène, qui le fait regarder comme la plus grande de toutes les solennités de l'empire.

Dans ces fêtes appelées *Go Tairei*, c'est-à-dire la grande fête, la fête par excellence, tout est fixé et déterminé d'avance par un cérémonial antique dont les rites shintoïstes précis et compliqués se reproduisent exactement depuis des siècles à l'avènement de chaque empereur japonais. Aussi les journaux et les revues nipponnes nous ont-elles donné bien à l'avance, avec force détails et descriptions, toute la suite des scènes qui vont se dérouler durant ces pompes d'une si étrange splendeur.

La première cérémonie a lieu à Tokio, au palais impérial, dès que la date du couronnement a été définitivement fixée. C'est le *hokokusai* : le moment du message, office célébré dans le sanctuaire principal, et par lequel on avertit les esprits des ancêtres du grand événement prochain. Pour comprendre cet acte préliminaire, il faut se souvenir que le shintoïsme, qui est la religion autochtone du Japon, consiste surtout dans le culte des esprits des morts : le culte des kami, qui rappelle l'ancienne religion de la Grèce et de Rome. Les esprits des morts sont à la fois mânes et dieux. Ils participent aux joies et aux peines des vivants, ils veillent sur eux. Ils peuvent récompenser ou punir. Le bonheur ou le malheur des hommes sur terre dépend de leur protection ou de leur hostilité. Pour accomplir cet acte de déférence à l'égard des kami, l'empereur et l'impératrice, revêtus des antiques costumes rituels, et suivis des princes du sang, des officiers civils et militaires, vont se présenter devant le temple des ancêtres. Au moment où se fait la communication formelle de l'heureuse nouvelle, l'empereur est coiffé de la couronne mikadonale, appelée *ritsu-yei*, et a revêtu les 5 fameuses robes jaunes ornées de longues traînes, et façonnées de cinq sortes de soie.

Dès que l'office est terminé, des messagers impériaux sont envoyés au grand temple d'Ise, la métropole religieuse du shintoïsme, ainsi qu'au mausolée de Jimmu Tenno, le premier empereur du Japon, et à celui du dernier empereur défunt et de ses trois prédécesseurs immédiats, pour leur faire part du prochain couronnement et leur offrir à cette occasion les sacrifices d'usage.

J'ai déjà dit précédemment que la veille du sacre Leurs Majestés, accompagnées de toute leur suite, quittaient Tokio pour se rendre à Kioto, l'ancienne capitale des mikados, où elles devaient descendre au palais de Nijo, une merveille d'art médiéval. Mais un détail, dont je n'ai pas parlé, mérite de retenir l'attention ; c'est celui des trois insignes shintoïstes qui entrent dans la composition du cortège : le miroir sacré, qui est porté solennellement devant l'empereur, le collier de joyaux, ainsi que le sabre, dompteur des herbes, qui suivent le couple impérial. Ces trois trésors sacrés, dès l'arrivée à Kioto, seront déposés dans un magnifique temple appelé Shunkyo-den, qui, situé dans le Gosho, le palais des vieux empereurs, est spécialement destiné à les recevoir.

Il est très bizarre ce mythe solaire antique qui nous explique ces trois symboles en même temps qu'il nous dévoile l'origine de la puissance mikadonale (1). Amaterasu, la brillante déesse du soleil, effrayée par son terrible frère Susan-no-o, le dieu des tempêtes, se cache dans la caverne qu'elle habitait dans l'océan. La nuit se répand donc instantanément sur le monde. Que faire ? Les huit cents myriades de dieux tiennent conseil « dans le lit desséché de la calme rivière du ciel » (la voie lactée). Ils font chanter les coqs, pensant que leurs cocoricos provoqueront le lever de l'aurore. Inutile. Ils se décident alors à faire appel à la curiosité, à

---

(1) Cf. *Transactions of asiatic society*. Vol. X. « Kojiki » by B. H. Chamberlain, of Japon.

la coquetterie et à la jalousie de l'éclatante déesse (ce sont bien les trois points faibles chez une femme), pour l'obliger à sortir de sa caverne et à illuminer de nouveau l'univers. On dispose à l'entrée de la grotte un grand miroir et un superbe collier de joyaux. La déesse Uzume vient ensuite, conduite par le dieu de la ruse, prendre place sur une estrade improvisée. Elle tient en main un bouquet de feuilles de bambou, la mousse du mont Kagu lui sert d'écharpe, une branche de fusain compose sa coiffure. Elle se met à danser. Les dieux rient aux larmes. Mais voici que Amaterasu, piquée par la curiosité, désire voir ce qui se passe ; elle entr'ouvre la porte de son refuge, aperçoit un visage ravissant de beauté. Quelle est donc cette rivale ? Elle sort complètement pour bien se rendre compte. Cette rivale n'est autre que son visage qui se reflète dans le miroir, le premier qu'aient façonné les dieux. On étend derrière elle une corde de paille, qui l'empêche de pénétrer de nouveau dans la caverne, et le monde est de nouveau illuminé.

Susan-no-o, le dieux des tempêtes, l'auteur de cette éclipse, est chassé du ciel. Descendu sur terre, il délivre la province d'Izumo d'un serpent à huit têtes, auquel chaque année on donnait une fille à dévorer. Après l'avoir tué, il retira du corps sanglant du monstre « le sabre dompteur des herbes » qui donne l'empire du Japon.

La déesse du soleil se détermine ensuite à remettre à l'un de ses descendants le pouvoir de gouverner les îles nouvellement créées. C'est en lui confiant les trois divins symboles : le miroir, le collier de joyaux et le sabre sacré, qu'elle lui donna la puissance souveraine.

Depuis ce temps, seuls ces trois insignes rendront un mikado légitime.

Le 11 novembre, jour du couronnement, la tradition de ces trésors d'origine céleste fera l'objet d'une cérémonie grandiose. Puis, dans le palais de Shishiden aura lieu l'accession au trône d'allure non moins brillante et pompeuse. Un service musical se donnera le soir au Shunkyoden, où l'on entendra des airs anciens encadrant des danses sacrées.

Le lendemain, se déroulera la célèbre cérémonie du Daïjosaï : offrande du riz aux divins ancêtres. Après l'office, l'empereur lui-même mangera du riz offert, participant ainsi au sacrifice. Dès que cet office est terminé, des messagers impériaux sont envoyés aux mausolées des empereurs défunts et aux 172 principaux temples shintoïstes avec les offrandes d'usage.

Les jours suivants, de nouvelles fêtes seront données par Leurs Majestés à leurs hôtes, soit au Burakuden, soit au palais de Nijo, après lesquelles elles feront le pèlerinage traditionnel aux tombeaux des empereurs déjà nommés, ainsi qu'au grand temple d'Ise, la métropole du shintoïsme. Elles reviendront enfin à Tokio, accompagnées des trois trésors sacrés. Arrivés au palais impérial de la capitale moderne, l'empereur et l'impératrice se présenteront au grand sanctuaire shintoïste du palais. En leur présence, on déposera dans leurs châsses les trois célèbres insignes mikadonales : le miroir, le collier de joyaux et le sabre dompteur des herbes, qui n'en sortiront qu'à l'avènement d'un nouvel empereur japonais.

Rites étranges, légendes sans consistance de raison, mais coutumes fidèlement suivies.

CHAPITRE V

Fidélité à la cause des Alliés. — Victoire du ministère Okuma. — Le jour de l'an japonais : usages et fêtes.

1er Janvier 1916.

Il n'est pas rare de rencontrer de ces esprits chagrins qui trouvent toujours que les choses sont au pire. A propos de la coopération japonaise dans les Balkans, ils vous disent, d'un air presque satisfait :
— Eh bien, ne vous avais-je pas fait prévoir que jamais les Nippons ne nous prêteraient le concours de leur armée en Occident ? Peut-on compter sur une race jaune ? Le Japon est un peuple essentiellement égoïste, incapable de grande pensée. Il ne songe qu'à son développement matériel ; ne doutez pas qu'il ne soit prêt, dès qu'il y verra son avantage, à se tourner du côté de l'Allemagne avec la plus parfaite désinvolture.
— Tout doux ! que les Japonais ne nous aient pas encore envoyé de corps d'armée dans la Méditerranée, cela est vrai ; qu'ils ne nous en enverront peut-être jamais, vu les difficultés matérielles et, en particulier, financières insurmontables, je l'accorde, — à la rigueur. A l'impossible, nul n'est tenu. Mais qu'ils soient incapables de grande pensée et qu'ils puissent

se laisser aller à trahir la cause des alliés par intérêt, ceci, je ne puis l'admettre. Je pourrais donner ici, de cette conviction, bien des raisons, mais je n'en veux apporter qu'une seule. C'est que le Japonais est le Français de l'Extrême-Orient. Il l'est surtout et avant tout au point de vue de l'honneur. Comme nous, il en a le culte. Il est capable de tout immoler à cet idéal. Il l'a même exagéré, ce sentiment, jusqu'à lui sacrifier sa vie avec une aisance qui nous stupéfie, nous qui avons le sens chrétien, qui savons que nous ne sommes que les dépositaires de l'étincelle divine et que le suicide est un crime.

Tout le monde connaît cette histoire (1) (qui n'est pas un conte, mais une effrayante réalité) des quarante-sept rônin (chevaliers sans maîtres) qui, pour venger leur seigneur Asano, gravement offensé dans le palais du Shogun par son ennemi Kira, n'hésitent pas à se vouer à la mort. Ils tuent l'insulteur, sont condamnés et s'ouvrent le ventre l'un après l'autre, en accomplissant le rite farouche du hara-kiri. La nation entière les a regardés et les regarde comme des héros et des martyrs parce qu'ils ont considéré que l'honneur de leur chef était préférable à la vie, et chaque année, depuis deux siècles, les Japonais vont en pèlerinage au temple bouddhiste de Sengakuji, près des fameux temples de Shiba, à Tokio, où se trouvent leurs sépultures, pour offrir à ces victimes de l'honneur leurs prières avec leur admiration. La fumée de l'encens monte perpétuellement devant la pierre tombale d'Oïshi, le chef de la bande héroïque. C'est surtout à l'époque du jour de

(1) Elle date du commencement du XVIIIe siècle.

l'an que les foules se pressent à ces monuments. Les pèlerins aiment à y laisser leur carte de visite en témoignage de fidélité à leur mémoire.

Dans quel pays trouverait-on le loyalisme et le sentiment de la dignité humaine portés à un tel degré ? Ne me dites donc pas que cette nation est capable de se déshonorer en manquant à ses engagements, à ses conventions, à ses alliances.

Voyez au contraire ce qui se passe. Les ambassadeurs d'Angleterre, de France, d'Italie et de Russie ont reçu le grand cordon du Soleil levant avec fleur de Paulownia, la plus haute décoration que les étrangers puissent recevoir. Le Japon a adhéré à la déclaration de Londres du 5 septembre 1914, par laquelle les États alliés s'engagent à ne pas conclure de paix séparée avec l'Allemagne. La sympathie du Japon pour les alliés s'est montrée d'une multitude de manières, mais surtout par l'énorme assistance matérielle qu'elle a rendue et continue de fournir à la Russie. Toute l'industrie japonaise est mobilisée pour lui créer des ressources de toutes natures, depuis le soulier et le vêtement du soldat jusqu'aux mitrailleuses et aux pièces de gros calibre.

Que les pessimistes se rassurent donc ; le Japon n'est pas en voie de faillir à son idéal.

*
* *

On se souvient de la crise ministérielle qui, il y a quelques mois, amena la reconstitution du Cabinet Okuma actuel. Le baron Kato, ministre des Affaires étrangères, fut remplacé par le baron Ishii, ambassadeur à Paris ; le vicomte Oura, ministre de l'Intérieur, céda son portefeuille au docteur Ikki, titulaire de l'Instruction publique ; M. Taketomi devint ministre des Finances ; l'amiral Kato, ministre de la Marine, et le docteur Takata, président de l'Université de Waseda, ministre de l'Instruction publique. On n'a pas oublié que la cause de ce remaniement avait été pour le gros public l'accusation, portée contre le ministre de l'Intérieur, d'avoir participé à certains actes de corruption électorale. Mais il y avait des motifs cachés plus profonds qui n'étaient rien moins que l'"incompétence diplomatique du ministre des Affaires étrangères et l'inaptitude du ministre des Finances. On sait que cette crise a été regardée comme le résultat de l'influence des genro (conseillers privés). On les accusait d'être pratiquement la seule autorité devant laquelle le Cabinet fût responsable et en même temps d'isoler le trône de tout contact avec les choses de la politique.

Ce ministère replâtré n'a cessé d'être en butte à une forte opposition. Dès sa réapparition, la presse japonaise le malmena, lui faisant un grief d'être revenu au pouvoir sans motif sérieux. La raison alléguée par le comte Okuma lui paraissait insuffisante ; on la connaît : il dit que s'il reprenait les rênes du gouvernement, c'était pour obéir à la volonté de l'empereur. D'après les journalistes, il s'agissait de rendre ainsi Sa Majesté responsable du maintien d'un Cabinet incompétent. Ils prédisaient que la vie de ce nouveau ministère ne dépasserait pas les fêtes du couronnement, et qu'après y avoir joué son rôle il serait obligé de se retirer.

Nous venons d'apprendre, en effet, par une dépêche

de Tokio datée du 18 décembre, que le Cabinet Okuma vient de subir un violent assaut, dont on ne nous donne pas les motifs ; qu'au cours de la session de la diète, l'opposition a demandé un vote de blâme contre le gouvernement, et, détail curieux, qui indique jusqu'à quel point les passions étaient déchaînées, pendant que le comte Okuma parlait, un membre de l'opposition lui a donné un coup sur le bras : la police a dû s'interposer, après quoi le ministre a pu terminer son discours au milieu des acclamations. La motion de blâme a été repoussée à une forte majorité. Des scènes violentes se sont produites dans les couloirs.

Nous voyons ainsi que les pronostics de la presse hostile dont nous parlions à l'instant ont été fautifs. Okuma se tire, cette fois encore, de l'épreuve par un éclatant triomphe.

La personnalité du chef de Cabinet a quelques ennemis irréductibles qui le taxent d'inhabileté diplomatique et qui, plus est, le rendent responsable du fiasco récent du baron Kato dans l'empire du Milieu. Voici l'appréciation de M. Takekashi sur le comte Okuma :

« Tout le monde l'accuse d'affirmer plus qu'il ne peut. C'est un homme surfait. Parlons de la fameuse question de la revision des traités en 1889. N'a-t-il pas failli nous donner des étrangers comme juges au Japon ? A cette perspective, le peuple fut tellement surexcité qu'un attentat contre sa personne s'ensuivit. On jeta une bombe sous sa voiture. Il y perdit une jambe. Cela lui attira sans doute une immense sympathie, mais ne le rendit pas meilleur diplomate. Qui ne se rappelle encore son insuccès à l'époque de l'annexion de Havaï par l'Amérique, où il trouva le moyen de placer en toute hâte une protestation et d'envoyer un simple navire de guerre pour la porter ? Le public eut vite jugé que le Japon ou ne devait pas protester, ou bien, s'il le faisait, devait être prêt à partir en guerre pour soutenir sa protestation. Est-il surprenant, continue-t-il, que le ministre des Affaires étrangères, sous un tel leader, soit tombé dans des fautes si grossières ? On pensait avoir dans le baron Kato un fin diplomate, on fut vite désappointé. Une des grosses maladresses qu'il commit dans la politique chinoise fut de n'avoir pas su profiter de la prise de Tsing-tao, pour s'assurer quelque avantage sérieux. Au lieu d'obtenir beaucoup en demandant aussi peu que possible, il demanda beaucoup et n'obtint à peu près rien, tout en produisant un grand vacarme dans le monde diplomatique et en blessant les nations étrangères. »

Revenons au chef du Cabinet et lisons encore ce curieux médaillon déjà ancien : « Habile mais superficiel, intelligent mais sans connaissances techniques, Okuma, qui possédait quelque talent d'organisation, était un grand ambitieux ; l'ami de ses amis, il cherchait son intérêt personnel, mais pas plus que la majorité de ses collègues. Audacieux et léger, pourvu qu'il se tirât des embarras du moment, il ne tenait suffisamment compte ni des difficultés pratiques ni des conséquences de ses actes. Tout aux échappatoires et aux petits moyens, plus encore qu'aucun autre Oriental, c'était un homme politique, non un homme d'État. »

Telles sont les critiques que lui lance le parti d'opposition. Si l'on discutait sérieusement l'une après l'autre chacune des fautes ou des défauts allégués, il n'est pas douteux que le plus grand nombre s'évanouiraient.

V. — FIDÉLITÉ A LA CAUSE DES ALLIÉS

Malgré tout, Okuma possède actuellement un très puissant parti dans la nation ; on le considère comme l'homme d'État le plus apte à faire face à la situation, qui ne manque pas de gravité, et l'on se demande, si l'homme le plus populaire du Japon n'est pas capable de tenir tête aux difficultés présentes, quel est celui qu'on pourrait bien mettre à sa place.

Okuma Shigenobu, né en 1838, comte depuis 1887, chef du clan de Hizen qui est renommé pour ses beaux parleurs et du parti progressiste aux vues libérales qu'il a créé, nous est surtout connu en Europe comme orateur. De temps à autre, les revues nous apportent quelques spécimens de ses grandes envolées. Aujourd'hui, il nous annonce qu'un jour, peut-être prochain, les descendants des Samuraï tenteront la conquête de l'Inde ou envahiront l'Europe par la Russie d'Asie ; demain il nous présente comme prochaine la conversion de l'empire japonais au christianisme. Tandis que l'Europe dresse l'oreille à ses accents agréables ou inquiétants, les Japonais se regardent et disent en souriant qu'il est difficile à un homme très disert de ne pas cultiver de temps à autre l'hyperbole.

Merveilleux orateur, il est considéré comme le plus séduisant de ces grands Japonais qui ont renouvelé leur patrie. Une des grandes pensées qu'il a continuellement développées sous toutes les formes pour la grandeur de son pays, c'est la nécessité pour le Japon de développer sa puissance militaire. Il y a quelques mois, il faisait paraître encore, dans le *Shin Nippon*, un article où il montre que la diplomatie, pour être effective, doit s'appuyer sur la force de la nation. Pour étayer sa thèse, il parcourt l'histoire du Japon durant l'ère de Meiji et rappelle les nombreuses humiliations que la diplomatie japonaise a eu à souffrir, faute d'être soutenue par une armée et une marine assez puissantes. « Ce n'est guère que depuis dix ou quinze ans, conclut-il, que notre politique étrangère compte dans le monde, c'est-à-dire depuis que la puissance militaire du Japon a commencé à se faire connaître. »

Grand orateur, il est aussi un puissant artisan du progrès des lettres et de la haute culture indépendante. Il a créé à Tokio, en 1882, l'Université libre de Waseda, où l'on enseigne le droit, les sciences politiques et économiques, la littérature, le commerce, les humanités chinoises. Cette institution est devenue le centre d'un important mouvement littéraire appelé École de Waseda. La plupart des écrivains qui en font partie ont professé ou professent encore dans la célèbre Université.

A l'aurore de cette nouvelle année, nous faisons des vœux pour que le ministère Okuma, qui a comme titulaire des Affaires étrangères le baron Ishii, ami et admirateur de la France, réalise les espérances que le peuple japonais a placées en lui et qu'il continue de tout son pouvoir à collaborer avec les alliés pour faire triompher la cause immortelle du droit et de la véritable civilisation.

*
* *

Le nouvel an est chez les Japonais l'occasion de nombreuses fêtes qui méritent notre attention parce qu'elles nous font pénétrer quelque peu dans l'âme nipponne et nous montrent qu'à côté du Japon moderne qui, au point de vue politique, littéraire, scientifique, philosophique, s'est tout à fait européanisé, il y en a un autre, l'ancien, qui persiste malgré tout et qui, cela pourra sembler paradoxal, est aussi vivant que jamais dans les masses populaires.

L'un des derniers jours de décembre, la coutume générale est de faire ce qu'on appelle le susu-haki (nettoyage de la suie de la maison). C'est pour les Japonais une manière de se préparer au nouvel an. Chaque famille n'a garde d'y manquer. Tous les meubles et objets qui servent aux usages quotidiens sont remués, déplacés, époussetés ou lavés. On fait même la toilette du plancher des appartements, qui est formé, comme on le sait, de nattes de paille.

Les commerçants ne sont pas exempts de cette obligation. Aussi est-il curieux de voir, ce jour, toutes les rues encombrées des marchandises sorties des magasins.

Le poète Basho, qui vivait au xviie siècle et qui sut faire de l'épigramme une œuvre de génie, composa sur cette coutume quelques haïkaï (poésies de dix-sept syllabes) dont il faut citer le suivant assez suggestif :

Susu-haki ya
Kami mo hotoke mo
Kusa no ue !

Ah ! le nettoyage du bout de l'an.
Voici les statuettes des dieux shintoïstes
et bouddhistes qui gisent pêle-mêle sur l'herbe !

Une des fêtes de la fin de décembre est celle du kamado harai ou fêtes du poêle de cuisine. Le kamado est une espèce de brasero formé d'une caisse sans couvercle, pleine de cendres à la surface desquelles, au centre, brûle du charbon de bois. Il sert à faire bouillir le riz et cuire tous les mets japonais. Suivant les croyances shintoïstes, ce poêle est un objet sacré qui est habité par un dieu spécial : le dieu du hibashi ou du brasero, et, selon la tradition, ce dieu du poêle de cuisine monte, lorsque l'année touche à sa fin, au plus haut du ciel, pour rendre compte au Dieu suprême des actions de la famille pendant l'année qui vient de s'écouler. Aussi appelle-t-on les kannushi (prêtres shintoïtes), afin qu'ils offrent des prières au dieu du poêle et lui demandent de rédiger son rapport sur les faits et gestes passés, dans les termes les plus bienveillants et les plus charitables.

Mais il paraît que dans les grands centres comme Tokio, Kyoto et autres endroits où l'on se sert de réchauds à gaz ou de fourneaux modernes, son culte a perdu beaucoup de fidèles.

Voici un autre festival qui a lieu le 31 décembre. Son principal centre de réunion est le temple de Haya hito, à Shimonoseki. Ce temple, élevé en l'honneur du dieu des Algues, est mentionné dans le kojiki (les vieilles chroniques) ; on le considère comme un des plus anciens temples shintoïstes de l'empire. Une tradition nous apprend que l'impératrice Jingo, quittant le Japon pour la conquête de la Corée, s'embarqua à Shimonoseki, et qu'avant son départ elle reçut du dieu des Algues deux joyaux. Lorsqu'elle atteignit la côte coréenne, elle en jeta un dans la mer, et, soudain, la marée se mit à monter et porta sa flotte vers le rivage ; quant au second talisman, il permit à l'armée de débarquer sans entrer dans les eaux. C'est en souvenir de ces hauts faits que, chaque année, au 31 décembre, les kannushi (prêtres shintoïstes), revêtus de leurs plus beaux ornements, vont processionnellement à la cueillette des algues. Le cortège religieux descend l'escalier de pierre, qui, partant du temple et passant sous un grand torii, aboutit dans les flots bien au-dessous de la limite de la marée basse. Arrivés sur la plage, les officiants s'avancent dans les eaux autant qu'il est nécessaire pour cueillir les plantes sacrées qui seront offertes solennellement, le lendemain, en action de grâces, à Wakame, le dieu des Algues, à qui le temple est dédié.

Le bonenkai (réunion de l'oubli) consiste en un banquet auquel sont invités les membres de la famille, les amis et les serviteurs. Il a pour but de dire adieu à l'année qui s'en va. On y boit à l'oubli des maux, des erreurs et des difficultés de l'année écoulée ; on s'efforce d'y perdre le souvenir du poids accru des ans et d'envisager l'avenir sous les plus belles couleurs.

Quant à la célébration extérieure du premier de l'an lui-même, elle était très bruyante et mouvementée. On est resté éveillé pendant la nuit ; on a mangé certains gâteaux spéciaux et des légumes assaisonnés de sauce au poisson, le tout accompagné de force rasades de saki (eau-de-vie de riz). Très gai, on va faire des visites ; on échange des présents. Toutes les rues sont pavoisées, ornées de branches de pin, de cordes de paille, d'oranges et de langoustes dont le dos recourbé symbolise la longévité. Autour des temples bouddhistes et shintoïstes, se voient de nombreux petits commerçants qui offrent toutes sortes de bibelots du jour de l'an, un peu à la manière de nos camelots et marchands forains sur nos boulevards...

Si l'on veut se rendre compte de l'importance que le renouvellement de l'année tient dans la vie japonaise, il faut se rappeler que sur onze grandes fêtes nationales annuelles toutes shintoïstes, que possède le Japon, trois d'entre elles sont consacrées aux premiers jours de l'année : le Shihohai (adoration des quatre directions), parce que Sa Majesté l'empereur, pour rendre à ses divins ancêtres le culte suprême, fait face successivement aux quatre points cardinaux ; le Genshisai (sacrifice du commencement), qui a lieu le 3 janvier et où l'empereur officie en présence des fonctionnaires les plus élevés en dignité, et le Shinnen-niukai, le banquet du nouvel an, qui a lieu le 5 janvier.

Il faut ajouter à ces fêtes le grand rite de la purification, réglé par un décret du 27 juin 1872, et qui a lieu deux fois par an, le 30 juin et le 31 décembre. Au dernier jour de l'année, l'empereur-dieu, dans une cérémonie toute shintoïste, lave ses sujets de toutes leurs souillures et leur accorde le pardon général de toutes leurs fautes.

N'a-t-on pas raison de dire que le vieux Japon n'est pas mort, qu'il coudoie le nouveau ou plutôt qu'il est encore essentiellement ce qu'il était avant l'invasion des choses d'Occident, et que notre civilisation n'a guère fait qu'effleurer son âme orientale ? On ne peut nier que les sentiments et les idées antiques sont encore à la base de tout le Japon moderne. Combien faudra-t-il encore de siècles pour que les divins ancêtres, les vieux morts japonais cessent de parler par la bouche des vivants ?

CHAPITRE VI

Vers une alliance russo-japonaise. — Le Japon et les États-Unis. — Le mausolée de Meiji Tenno.

9 Mars 1916.

Que le Japon envoie aux Russes des secours importants et de toute nature, nous le savions, sans doute, mais il est toujours agréable de l'entendre confirmer de nouveau par une bouche autorisée. C'est ce que vient de faire M. Kushiro Matsui, le nouvel ambassadeur du Japon. Arrivé le 21 février à Marseille, il a bien voulu, dans une interwiew qu'il accorda à un journaliste à la descente du paquebot, lui adresser ces paroles réconfortantes :

« *Au Japon, l'on suit avec un grand intérêt le développement de la guerre, dont l'issue ne fait aucun doute.*

« *Le rôle du Japon, depuis la prise de Tsing-Tao et la disparition des croiseurs allemands qui s'étaient réfugiés dans le Pacifique, se borne au ravitaillement des Russes. A l'heure actuelle, toutes nos usines travaillent pour la Russie. Notre industrie n'a pas encore atteint son développement maximum, mais nous fournissons déjà du matériel de toutes sortes. Nous aimons à pen-*

ser que ce matériel a aidé nos amis à remporter leurs succès. »

Et, comme témoignage de l'union de plus en plus étroite que le gouvernement japonais veut maintenir avec les alliés, voici que Sa Majesté le mikado a chargé son nouvel ambassadeur à Paris de remettre à M. Poincaré la décoration la plus élevée du Japon : l'ordre du Chrysanthème.

M. Matsui, qui remplissait à Tokio les hautes fonctions de directeur au ministère des Affaires étrangères, était tout désigné, de par ses hautes qualités diplomatiques, pour remplacer, à Paris, le baron Ishii. En lui offrant nos compliments de bienvenue, nous souhaitons de voir s'augmenter encore, s'il se peut, au contact immédiat des choses françaises, sa sympathie et son estime pour la France.

Ce n'est pas sans plaisir que nous avons à enregistrer, outre ce témoignage dont nous venons de parler, plusieurs autres faits significatifs de la bonne entente qui règne entre le Japon et la Russie. Signalons d'abord la récente mission russe au Japon. Le grand-duc Georges Mikhailovitch est à Tokio l'objet d'une réception enthousiaste. L'empereur et sa suite l'attendent à la gare ; grande réception au palais de Kasumigaseki, où Sa Majesté lui offre un dîner de gala. Après un échange des plus hautes décorations, on porte des toasts empreints de la plus grande cordialité. Le souverain insiste sur la confiance et l'estime toujours croissantes que le Japon éprouve à l'égard de la Russie, tandis que le grand-duc Georges-Michel exprime la profonde reconnaissance que son pays ressent pour le

Japon en retour de sa sympathie et de l'aide considérable qu'il lui prête dans cette guerre. Il voit en cela la preuve d'une amitié durable entre les deux nations.

On annonce déjà que, pour répondre à cette visite, le prince héritier du Japon visitera, dans le courant d'avril prochain, la Russie et l'Angleterre avec une importante mission politique.

Une autre nouvelle intéressante est le succès tout récent des négociations entreprises entre les gouvernements des deux peuples pour le rachat de quatre cuirassés pris à la flotte russe dans la dernière guerre.

Tous ces faits sont suggestifs et indiquent combien les Allemands sont faibles psychologues et se trompent grossièrement quand ils essayent de proposer au Japon et à la Russie, qui, tous deux, ont signé le traité de Londres, une paix séparée, comme nous l'apprenait tout récemment un télégramme de Pétrograd à la *Nouvelle Gazette de Zurich*, et nous montrent aussi qu'une alliance russo-japonaise n'est peut être pas aussi lointaine que certains le croient. On mandait, en effet, de Tokio, il n'y a pas longtemps, que le journal japonais *Kokumin*, qui a de larges relations dans les milieux politiques autorisés, faisait, depuis quelque temps, de transparentes allusions à la possibilité d'une alliance japono-russe, attirant ainsi l'attention de la société japonaise. On affirmait aussi qu'à ce moment le comte Okuma, chef du Cabinet, convoquait à une réunion secrète les chefs de tous les partis politiques.

*
* *

Si les rapports de l'Empire du Soleil levant avec les

alliés sont empreints de mutuelle confiance et de cordialité, il n'en va pas tout à fait ainsi avec l'Amérique. Il existe toujours des deux côtés de l'océan la question pendante de l'immigration japonaise. Un fait que tout le monde semble avoir oublié, excepté le Japon, c'est le silence opposé par le gouvernement de Washington à la protestation du gouvernement impérial de Tokio, déjà ancienne de quelques mois, contre la distinction apportée entre les sujets japonais et autres dans la loi agraire anti-étrangère appliquée en Californie.

Le Japon gardera sans doute le silence jusqu'à ce que la réponse soit venue, à moins que l'attente soit trop longue. Il est à craindre, durant ce temps, que la nation ne nourrisse contre les États-Unis un ressentiment qui sera difficile à dissiper. Un des journaux les plus importants de Tokio, le *Mainichi*, faisant un exposé des relations avec l'Amérique, demande au ministre des Affaires étrangères s'il ne croit pas que l'accord appelé « Gentlemen's Agreement », passé avec les États-Unis, soit inutile. Les plus petites nations, remarque-t-il, peuvent envoyer librement des immigrants dans les provinces de l'Union, tandis que cette faculté est refusée aux sujets japonais. Il serait à considérer si le moment ne serait pas venu de briser cette chaîne.

Le baron Shibusawa, qui a fait ces derniers temps un voyage aux États-Unis, eut à plusieurs reprises l'occasion d'exprimer son désir, qui est celui de son pays entier, de voir les deux grands peuples se mieux comprendre pour le maintien de la paix :

« Sur chaque rive du Pacifique, a-t-il ajouté, il y a deux types de civilisations qui possèdent chacune un idéal distinct, et le problème qui se pose entre elles, c'est de savoir si leurs efforts tendront vers l'harmonie ou si, au contraire, un contact de plus en plus étroit accroîtra le conflit d'intérêts qui les acculerait finalement à la guerre pour la suprématie du Pacifique. » L'expérience des cinquante dernières années a apporté à M. Shibusawa la conviction qu'il était possible de tout concilier sans rupture. « Le Japon, d'ailleurs, ne perdra jamais, conclut-il, le souvenir du puissant concours que, depuis la révolution de 1868, lui ont prêté les États-Unis, dans sa rapide ascension vers les sommets de la civilisation occidentale. »

Cette question d'émigration vers les pays étrangers, qui attire l'attention du gouvernement japonais, n'est que le corollaire du problème de l'excédent de population, qui se pose chez ce peuple. Voici ce que publiait récemment, sur ce sujet qu'elle vient d'étudier, la Société sociologique de Tokio : « La population du Japon, estimée au VIIIe siècle à 8 millions d'habitants, atteignit vers la fin de la période des Tokugawa le chiffre de 27 millions. Cette progression rapide a encore été dépassée depuis à cause des progrès de la science, de la médecine et de l'hygiène. En 1870, nous avions 33 millions, tandis qu'en 1913 nous avons atteint le chiffre de 53 millions d'habitants, soit une croissance de 60 pour 100. » Cette Société savante estime que la terre, qui, selon ses calculs, possède actuellement une population totale de 1 milliard 750 millions d'habitants, pourrait en nourrir confortablement 2 milliards 300 millions, suivant la manière de vivre des Américains ; 5 milliards 600 millions suivant le mode germain, et 22 milliards 400 millions suivant le genre de vie sobre des Japonais. Elle estime de plus que, dans cent cinquante ans, avec le taux de progression actuel, la population totale du globe sera de 10 milliards d'habitants. Elle émet en terminant le désir de voir la science faire quelque nouvelle découverte, qui simplifiera le problème de l'alimentation. En attendant, nous espérons que le conflit qui semble s'exaspérer quelque peu entre les deux grandes nations que baigne le Pacifique, se terminera à l'amiable par le simple jeu d'une diplomatie conciliante et loyale.

*
* *

Une des grandes préoccupations actuelles des esprits au Japon, c'est d'élever à leur dernier empereur défunt, dont le nom posthume est « Meiji Tenno », un mausolée digne de son prestige et de la gloire de son règne.

Pour amener à bien cette œuvre religieuse et artistique que l'on veut splendide et digne des grands sanctuaires funèbres que compte déjà l'Empire, on a formé une Commission spéciale, composée de membres du gouvernement et de simples citoyens, dont le président est le comte Okuma, chef du Cabinet. Ce tombeau sera, comme d'ailleurs tous ceux édifiés dans le cours des siècles, un temple ou plutôt un groupe de temples shintoïstes, car le shintoïsme est toujours la religion d'État. Nous l'avons vu d'ailleurs durant les fêtes du dernier couronnement : tout s'y est passé suivant les rites strictement shinto. Aussi bien en élevant ces temples, on n'a qu'un but, c'est de construire une demeure qui abritera l'esprit de l'empereur défunt divinisé.

Voici, à titre documentaire, ce qu'écrit tout récemment M. Sekiguchi :

« Les Japonais sont un peuple dont les dieux sont des héros et dont la religion est le culte des héros ; ce qui d'ailleurs n'est qu'une autre façon de dire que leur religion est le culte des ancêtres. Le plus grand dieu de la nation, le premier ancêtre ou père céleste est présent dans le temple d'Isé, dont un double se trouve au palais impérial à Tokio, appelé vulgairement « kashiko dokoro » ou temple des ancêtres impériaux. Les Japonais croient que les morts ne sont pas morts, mais vivants ; qu'après la mort les héros vivent comme dieux ; en conséquence, les esprits des héros japonais sont déifiés et reçoivent un culte comme des êtres divins. »

Et il ajoute plus loin pour terminer :

« La construction du temple de Meiji Tenno est regardée par tous comme une preuve évidente de la foi immortelle des Japonais dans le shintoïsme et dans son culte des ancêtres. Ils se feront toujours un devoir d'adorer leur empereur pendant qu'il vivra sur terre et aussi après son ascension au ciel. Le triomphe de la vieille foi du Japon est regardé comme très significatif en présence des idées occidentales dont l'attitude est si agressive à l'égard de nos religions nationales. »

Il n'est pas inutile, loin de là, de connaître cette curieuse manière de voir japonaise, si l'on veut pénétrer un peu dans l'esprit de cette nation dont les conceptions religieuses ressemblent étrangement à celles de la Grèce et de Rome des temps antiques.

Ce groupe de monuments grandioses, dont le devis s'élève à la somme de 8 millions 750.000 francs, est déjà commencé et l'on pense qu'il sera achevé en 1921.

Le site choisi est des plus remarquables. Les temples de Meiji s'élèveront dans le voisinage de la capitale, au sein de la plaine de Musashino, non loin de la rivière Sumida. Déjà, durant le moyen âge, sous les Tokugawa, cette campagne était très fréquentée par les amis de la belle nature. On y jouit en effet par temps clair d'une vue merveilleuse sur le Fuji yama et d'un panorama très étendu sur la chaîne des célèbres montagnes de Hakoné. Cette nature calme et impressionnante qu'ombragent des bois séculaires est bien celle que l'artiste japonais recherche pour y élever ses temples et ses mausolées.

Le bois de construction dont on se servira exclusivement sera le hinoki (Thuya obtusa) massif. Entre les deux sanctuaires principaux se dressera un portique monumental. Le portique principal qui regardera l'Orient sera formé d'une toiture à deux étages. L'or et le cuivre seront les seuls métaux employés. Les motifs de sculpture sont prohibés. Les bois proviendront des forêts impériales de Kiso, dans le Shinano, mais quelques-unes des poutres de moindre importance seront importées de Formose.

Près des temples s'élèvera un trésor ou plutôt un musée où l'on conservera tous les objets qui ont eu quelque rapport avec l'illustre défunt. Le plan de cette construction, dont les murailles seront de granit et le toit de cuivre, a été mis au concours. C'est le travail de M. K. Omori qui a remporté le prix. Cet édifice revêtira un style essentiellement composite où seront représentées les architectures du Japon, de l'Inde, de la Chine, de la Grèce, de Rome et de l'Égypte. Mais l'architecture des temples eux-mêmes sera du goût shintoïste le plus sévère.

On peut ramener à trois types les temples édifiés dans la suite des âges. Le type Shimmeizukuri, qui est surtout celui des plus anciens tels que ceux de Isé. Il se fait remarquer par son extrême simplicité et son absence de prétention. On se souvient des impressions que ressentit M. Brieux quand il visita la Mecque shintoïste d'Isé. Le matin, il se dirigea vers les sanctuaires par un beau soleil. « On arrive, dit-il, par une route très large. Tout autour de soi on ne voit que les fûts gigantesques des nobles cryptomerias... On passe sous ces grands arcs de triomphe primitifs qui sont les Torii. On arrive devant une palissade trouée d'une porte. On entre pour se trouver devant une autre palissade, dans une cour intérieure. Aucun ornement d'aucune sorte. Un grand drap blanc voile une autre porte qui donne accès à une autre cour semblable que l'on entrevoit et dans laquelle également il n'y a rien... Quand je dis qu'on ne voit rien d'où nous sommes, j'ai tort. Au-dessus des palissades, on distingue plusieurs toits à double pente en bois, et les perches qui forment l'angle du pignon se prolongent vers le ciel. C'est la cabane primitive, la hutte préhistorique. Et c'est tout ce qu'on voit dans le temple shintoïste le plus important et le plus vénéré. »

Le second type architectural, le nagare zukuri, est celui qu'on a réalisé habituellement depuis l'ère de Héian (commencement du ixe siècle). Sa caractéristique est d'être ni trop simple ni trop orné, mais sobre et élégant. C'est ce modèle qui a été adopté, à Kudan, dans Tokio, pour les temples de Yasukuni jinja élevés en l'honneur des héros de la nation et aussi pour le fameux Kasuga jinja de Nara, la vieille capitale abandonnée dont les parcs célèbres abritent des troupeaux de daims sacrés.

Enfin, le troisième style est le gongen zukuri, mélange de formes shintoïstes et bouddhistes, qui comporte la pompe et la splendeur et dont la nécropole de Yeyasu et de Yemitsu, à Nikko, est un éclatant et incomparable spécimen.

Le mausolée qu'on élève à Meiji Tenno appartient au second genre, celui qui s'inspire des formes les plus pures de l'architecture shintoïste et dont l'expression, d'après le sentiment japonais, sera le plus en harmonie avec le grand esprit qu'il doit abriter.

Le fait d'élever à Mutsu Hito un monument funèbre spécial indique à quel degré les Japonais apprécient les éminentes qualités de leur dernier empereur défunt.

Il est hors de doute que Meiji Tenno laissera dans l'histoire du Japon une empreinte indélébile. Esprit mystique et pratique à la fois, sa confiance absolue dans la protection des divinités ancestrales ne l'a pas empêché d'étudier attentivement et pratiquement tous les rouages du gouvernement. Doué du sens des affaires, il s'initia parfaitement aux questions économiques et financières qui forment comme l'ossature de la politique d'une nation. Sa prudence, sa souplesse lui permettaient de s'adapter aux circonstances. Il connaissait les hommes et savait les employer. Il joignait à cela une volonté forte pour atteindre le but déterminé.

Parmi tous les grands événements de son règne qui naît avec la révolution et la restauration impériale et par lesquels son Empire allait subir une si considérable métamorphose, il eut à un haut degré cette faculté maîtresse de comprendre nettement une situation, et cela dans tous les domaines de la politique, qu'il s'agît d'affaires extérieures ou intérieures. Tous ces actes tendirent ainsi à la grandeur et à prospérité de sa nation, but grandiose, qu'il eut la gloire d'atteindre malgré tous les écueils semés sur sa route.

Ses sujets, en lui élevant ce mausolée qu'ils veulent impérissable, ne font qu'accomplir un devoir de reconnaissance filiale à l'égard de leur illustre souverain que l'histoire appellera peut-être le plus grand artisan du Japon moderne.

CHAPITRE VII

Menées allemandes contre l'Angleterre et les États-Unis. — Prospérité économique. — Le Dr Kato et la philosophie japonaise. — Visite de Mgr Petrelli, légat du Saint-Siège.

10 Mai 1916.

La pieuvre allemande qui lance sur toutes les nations ses ignobles tentacules de fourberie, ne devait pas laisser le Japon indemne de ses attentats. Les machinations tudesques, pour exciter le peuple nippon contre son alliée l'Angleterre, se multiplient. Quelle bonne aubaine si ces menées pouvaient créer un conflit qui romprait l'alliance et mettrait le mikado à la merci de Guillaume II ! A titre d'échantillon, voici ce que le représentant de *Wolff* à New-York faisait dire dernièrement à Berlin par T. S. F. : « M. Yenaga, directeur du Bureau japonais de la presse pour l'Orient et l'Occident, a déclaré qu'il pourrait arriver que le Japon se jetât dans les bras de quelque autre (si l'Angleterre se montrait tiède envers lui et ne lui accordait pas les mains libres en Chine). M. Yenaga a ajouté que les critiques japonais considèrent l'alliance avec l'Angleterre et les obligations qui en découlent comme une lourde charge pour le Japon, tandis que, par ailleurs, les mesures prises par l'Angleterre n'assurent pas entièrement la navigation japonaise. » Cette information, sortie de l'*Agence Wolff*, dont les mensonges et les faux ne se comptent plus, est méprisable sans doute, mais indique parfaitement où l'Allemagne voudrait amener le Japon et le but de sa diplomatie en Extrême-Orient. Aussi ne sommes-nous pas en droit de soupçonner la main teutonne dans la campagne anti-anglaise soulevée depuis quelque temps par certains organes de la presse japonaise? Voici le *Yorozu* qui trouve que le moment est venu de reprocher à l'Angleterre sa dureté à l'égard des immigrants nippons en les excluant de l'Australie, de l'Afrique du Sud et du Canada. N'est-ce pas une offense qu'elle leur fait, surtout quand leur pays a si loyalement observé les obligations de l'alliance? Le *Nichi-Nichi* va plus loin : il prétend qu'il faut réviser les traités et y insérer cette clause spéciale que les Japonais immigrants dans les colonies britanniques seront mis sur le même pied que ceux des autres nations. On stipulera aussi que l'Angleterre reconnaîtra sans restriction la prédominance du Nippon en Chine, où ses intérêts ont une importance vitale.

Sans doute ce sont là des points qui méritent attention, mais vraiment est-ce bien le moment, en plein conflit européen, de réviser une alliance, et n'est-il pas raisonnable d'attendre la fin des hostilités ? Par bonheur, ces suggestions tudesques sont combattues par le parti du bon sens et du loyalisme, qui estime avec raison qu'actuellement, au lieu de critiquer l'alliance anglo-japonaise, le devoir impérieux du Japon est d'entretenir ses sentiments de reconnaissance à l'égard de l'Angleterre pour l'assistance qu'elle en a reçue pendant sa guerre avec la Russie, et surtout pour l'influence générale que cette alliance a eue sur l'empire en l'élevant au niveau des nations de premier rang.

Nous nous trouvons en présence d'une mentalité aussi agressive à l'égard des Etats-Unis. Le *Mainichi* d'Osaka exprime ses inquiétudes au sujet d'un nouveau projet de loi apporté au Congrès ayant pour but d'exclure plus complètement encore les immigrants orientaux du sol américain. Le Japon, prétend-il, a déjà été assez humilié par la Convention appelée : *Gentlemen's agreement*, qui l'a obligé à restreindre son immigration en Californie, et voici qu'on veut faire une loi nouvelle qui renchérira encore sur la précédente. Qu'on donne les raisons pour lesquelles l'Amérique a si peur des Japonais. La nation, conclut-il, ne peut permettre que ce « bill » devienne une loi, car ce serait pour elle se couvrir de honte.

Un autre sujet d'anxiété, c'est le programme naval de Washington, qui, prétend le journal *Yamato*, est une preuve de la politique menaçante des États-Unis dans le Pacifique et de son intention de contrecarrer les aspirations du Japon en Chine. Pourquoi, se demande-t-il, l'Amérique s'est-elle décidée à créer une marine aussi gigantesque, elle qui n'est provoquée par personne à l'extérieur ? A quoi veut-elle faire servir ces nombreuses escadres ? Sans doute, la situation en Europe est critique, mais est-ce bien la seule raison de ces armements insolites ? Son but n'est-il pas de neutraliser la puissance navale japonaise en Orient ? Personne n'ignore d'ailleurs que les États-Unis soutiennent la Chine contre le Japon. Or, ajoute l'auteur de l'article, voici ce qui arrive : d'un côté, les Japonais sont exclus de l'Amérique et des colonies anglaises, et, de l'autre, quand ils cherchent à se développer en Chine, où se trouve leur avenir naturel, les Américains viennent se mettre en travers et soulèvent la Chine contre eux. Notre devoir, conclut-il, est actuellement d'agir vigoureusement dans l'Empire du Milieu, car si nous attendons que les États-Unis aient réalisé leur immense programme naval, ce sera trop tard.

Ces soupçons ne sont-ils pas très exagérés et ne faudrait-il pas voir encore dans ces prévisions pessimistes les suggestions de la fourberie germaine qui cherche par tous les moyens à susciter des difficultés à la grande République américaine, à pousser le Japon à la guerre contre elle, tentant de faire ainsi d'une pierre deux coups : neutraliser d'une part la puissance des États-Unis et affaiblir de l'autre le faisceau des alliés ? Qui ne voit que l'Amérique aujourd'hui, champion du droit international contre la barbarie des sous-marins allemands, ne saurait, dans l'avenir, être sourde aux justes revendications du peuple japonais ?

*
* *

Aussi bien le Nippon est-il mal venu à se plaindre actuellement, lui qui, du fait de la conflagration européenne, traverse une période de prospérité économique encore inconnue dans son histoire. A aucune époque, il n'a eu à enregistrer un tel excédent de son exportation sur son importation, signe de richesse d'un pays :

130 millions de yens (350 millions de francs) d'excédent en 1915, chiffre qui non seulement n'a pas de rival dans les bilans présentés jusqu'à ce jour, mais qui même égale la somme de tous les excédents d'importation depuis la Restauration de 1868. Un exemple : l'exportation des tissus de laine, qui était de 700.000 yens en 1914, monte brusquement à 140 millions de yens en 1915.

Mais la plus grande source de la richesse actuelle du Japon vient des progrès que cette guerre lui a fait accomplir dans le domaine des transports maritimes et des constructions nautiques. La Compagnie des messageries du Nippon Yusen Kaisha est devenue la souveraine des mers d'Orient par le fait que toutes les Compagnies anglaises, allemandes et françaises ont disparu ou réduit considérablement leurs flottes commerciales de l'Atlantique, du Pacifique et même de l'Océan Indien. D'un autre côté, les chantiers japonais ne suffisent plus aux commandes de vaisseaux. Ils avaient mis à flot, en 1914, 650 vapeurs (93.760 tonnes) dont 85 dépassaient 5.000 tonnes, mais cette année ils ont accepté des ordres pour un nombre de navires dont l'ensemble dépasse 200.000 tonnes, et ils sont obligés de refuser les commandes qui affluent toujours.

En présence de cette statistique qui décèle un bienêtre économique encore inconnu dans l'archipel, le parti le plus sage que le Japon ait à suivre — et ses hommes d'Etat le comprennent sans doute, — c'est de se tenir sur une réserve prudente, de continuer à observer loyalement et strictement l'alliance anglo-japonaise et de cultiver de plus en plus son amitié avec la Russie, formant ainsi avec la Quadruple-Entente un faisceau indissoluble qui, non seulement garantira la victoire sur l'ennemi commun, mais satisfera dans l'avenir toutes les aspirations légitimes du Japon, tant sur le marché chinois, auquel il tient tant, que dans les colonies anglaises et les provinces américaines que baigne le Pacifique.

*
* *

Le docteur Hiroyuki Kato, dont nous apprenons la mort, était professeur émérite de philosophie à l'Université impériale de Tokio. Ses concitoyens le considéraient comme le Kant du Japon. Il était parvenu, malgré ses tendances prononcées pour l'agnosticisme, à s'entourer de nombreux disciples, et à faire école, ce qui ne manque pas d'être assez curieux dans un pays où le patriotisme repose sur la foi en la divine origine de ses mikados. Ses funérailles ont eu lieu, selon sa volonté, sans aucun rite religieux, ni shintoïste ni bouddhiste. Si l'on rapproche cette manifestation areligieuse des cérémonies du couronnement impérial qui ont été méticuleusement shintoïstes, on ne laisse pas d'être frappé de ce contraste qui, de fait, est très représentatif du désarroi philosophique et moral qui règne dans le Japon actuel. Je ne parle ici que de l'élite, de la partie intellectuelle de la nation, car la masse, la grande foule populaire, est encore, peu s'en faut, aussi bouddhiste et shintoïste qu'il y a un siècle. Le professeur Kato est surtout un disciple de Kant et de Hegel. On ne peut pas le considérer comme philosophe original, un fondateur de système. Il n'a fait en somme que s'assimiler la pensée allemande en l'adaptant autant que possible à la mentalité japonaise. Il n'est pas un chef d'école et ressemble par là à tous les philosophes nippons modernes. C'est, en effet, la philosophie d'outre-Rhin qui a jeté son emprise sur le cerveau japonais, et principalement par les deux philosophes que je viens de citer, par Kant d'abord, dont l'idéalisme transcendental est assez accessible aux esprits nippons formés par la métaphysique indienne, et par Hegel ensuite, dont la doctrine du devenir ressemble singulièrement aux conceptions bouddhistes, et qui fut aussi le plus puissant initiateur de l'évolutionnisme, système qui a tant séduit les Japonais. Cela ne pouvait être autrement : ils étaient une proie toute prête pour cette philosophie nébuleuse qui doute de la réalité du monde extérieur ainsi que de l'unité et de la continuité du moi, et qui, en cela, s'harmonise si bien avec la doctrine du nirvâna et le panthéisme sous toutes ses formes. Si les philosophies grecque et romaine, que le Japon connaît par la traduction, qu'on a faite en sa langue, de Platon, de la scolastique et du cartésianisme, n'ont pas eu beaucoup d'influence sur les esprits cultivés de ce peuple, cela tient sans doute moins à la forme atavique de leur pensée qu'à ce que personne ne les leur a encore expliquées méthodiquement, et il semble bien que voilà l'œuvre la plus pressante : faire connaître et répandre par tous les moyens Aristote, saint Thomas et toute la grande néo-scholastique moderne, afin de détruire les miasmes délétères dont la philosophie prussienne a infesté cette nation. Puisse la visite de Mgr Petrelli, légat du Saint-Siège au couronnement de l'empereur, qui a été reçu au palais impérial à Tokio avec tant d'honneur et de distinction, marquer le début de cette œuvre de régénération intellectuelle et morale du Japon par la philosophie traditionnelle et chrétienne !

*
* *

Aussi bien, puisque je viens de faire allusion à l'ambassade envoyée par S. S. Benoît XV pour la représenter au couronnement du mikado, comment ne pas faire remarquer qu'elle coïncide à peu près exactement comme date, à trois siècles d'intervalle, avec la fameuse ambassade envoyée par le grand Daimyo Daté Massamuné, sous la direction de Hasékura Rokuémon, qui faisait son entrée solennelle à Rome le 16 octobre 1615 ? De retour au Japon en 1620, Hasékura mourait pieusement à Sendaï, où, après trois siècles d'abandon, son sépulcre redevient glorieux, et voici que Mgr Petrelli, légat de Benoît XV, en réponse sans doute au beau geste de cet illustre ambassadeur de l'époque féodale, est allé prier à Sendaï même sur son tombeau, témoignant ainsi que la Papauté n'oublie jamais les marques de sympathies que lui ont données les souverains et les nations dans le cours des siècles.

CHAPITRE VIII

Message du comte Okuma au peuple anglais. — L'émigration japonaise. — Le Japon, les États-Unis et la Chine. — Collaboration du Japon à l'œuvre commune. — Le D{^{r}} Shihoda et la mission japonaise à Paris. — La science médicale au Japon. — Accord Russo-Japonais.

12 Juillet 1916.

Devant les menées allemandes qui essayaient de soulever des sentiments de haine à l'égard de l'Angleterre et des puissances alliées en soufflant dans la presse japonaise certains articles venimeux, dont le caractère de fourberie dévoilait l'origine, le comte Okuma, l'illustre chef du gouvernement actuel, n'hésita pas, pour rassurer l'opinion, à adresser, par l'intermédiaire du *Times*, de Londres, un message solennel au peuple anglais, confirmant la volonté de l'empire japonais de rester fidèle jusqu'au bout à l'alliance anglo-japonaise et à la Quadruple Entente.

« Vers la fin du siècle passé, dit-il, la logique des événements amena l'union des deux empires insulaires de l'Occident et de l'Orient. L'hégémonie de l'Angleterre en Extrême-Orient, indiscutée jusqu'en 1894, commença à souffrir après la guerre sino-japonaise. A ce moment, l'activité des autres puissances européennes s'était accrue, et le Japon, menacé par une entente de ces puissances qui voulaient entraver son développement dans l'Asie continentale, avait grand besoin d'un ami qui le soutînt. L'alliance anglo-japonaise sortit de cette situation. Son but était de protéger, en Extrême-Orient, leurs intérêts communs, qu'ils croyaient être aussi ceux du progrès et de la civilisation, et jusqu'à présent elle a pleinement répondu au dessein des parties contractantes. Dans l'histoire du développement de l'Orient, il n'y a pas de fait plus significatif que cette alliance, parce qu'elle mit fin à l'ancienne politique européenne en Orient, qui était faite d'aversion, d'exploitation et de conquêtes, et introduisit dans les rapports de l'Orient et de l'Occident un nouvel esprit : celui de confiance et d'estime réciproques.

« Les avantages furent immenses pour tous. L'Angleterre se trouva soulagée du lourd fardeau de maintenir de puissantes escadres à de si grandes distances. Le Japon put développer sa propre puissance. La Chine échappa à un démembrement, et l'Orient tout entier fut préservé de l'esclavage. Sans cette alliance, les puissances orientales n'eussent jamais pu se défendre elles-mêmes. Le Japon ne serait pas parvenu à sa situation actuelle ou, s'il eût atteint à ce point de grandeur, il lui aurait été impossible de s'y maintenir. Le peuple japonais sait très bien ces choses, et son dévouement à l'alliance anglaise est aussi fort aujourd'hui qu'il ne l'a jamais été, et ce fut avec son sens aigu du devoir, soutenu par l'estime qu'il faisait de l'alliance, que le Japon répondit si promptement et avec tant d'ardeur à l'appel des alliés au début de la guerre actuelle, et joua toujours depuis et résolument le rôle que lui imposaient les termes de l'alliance.

« Sans l'aide du Japon, l'Angleterre et ses alliés n'eussent jamais pu concentrer toutes leurs forces en Europe comme ils l'ont fait, et il n'est pas douteux que leurs vastes intérêts commerciaux ou autres auraient subi des pertes irréparables. Quant au sort de la Chine, si le Japon s'était tenu à l'écart, il serait le même que celui de la Turquie ou des autres États balkaniques.

« Tout observateur loyal ne manquera pas de trouver qu'au Japon le vrai sentiment du pays est fortement attaché aux puissances alliées, parce qu'il comprend la nécessité de leur victoire, sans laquelle l'humanité ne s'arrachera jamais des griffes maudites du militarisme allemand. Si donc il y a eu, de la part d'une petite fraction du public japonais, des paroles indiscrètes prononcées dans certaines occasions, on doit les attribuer à une trop grande sollicitude pour le succès des alliés plutôt qu'à toute autre cause. Dans ces conditions, j'ai à peine besoin d'assurer la nation anglaise qu'elle peut toujours avoir confiance, et tout particulièrement à cette heure de grande épreuve, dans le peuple japonais. Espérons que par nos fermes efforts nous vaincrons bientôt notre ennemi commun et inaugurerons sur cette terre une ère nouvelle de liberté et de justice sans lesquelles il ne peut y avoir de paix durable. »

Inutile de faire remarquer l'importance et l'opportunité de ce message du grand homme d'État japonais, qui neutralise les propos de certains publicistes ombrageux de Tokio au sujet de la question brûlante des immigrés nippons aux colonies anglaises dont j'ai parlé récemment. Le comte Okuma ne prétend pas, comme ces journalistes impatients, que le moment est venu de retoucher l'alliance pour y faire entrer de nouvelles clauses concernant l'immigration et obliger ainsi l'Angleterre à accepter les Japonais tant au Canada que dans l'Afrique du Sud et l'Australie. — Il n'en parle pas. — Il sous-entend que cela viendra, qu'il faut être patient, que le moment est mal choisi pour cette requête. Il fait crédit à l'Angleterre et il a raison. Il sait qu'elle sera reconnaissante à son allié d'Extrême-Orient de sa fidélité aux traités, et que cette reconnaissance se manifestera par des actes en temps opportun.

Aussi bien si les colonies anglaises n'ont pas encore levé les barrières qui empêchent les immigrants nippons d'y pénétrer au gré de leur désir, cela ne tient certainement pas au mauvais vouloir de la métropole, qui ne peut rien en cette question, puisque ses Dominions et ses colonies sont entièrement indépendantes dans l'administration de leurs propres affaires. La solution du problème dépend donc des colonies elles-mêmes qui, sans aucun doute, accorderont aux Japonais leurs légitimes revendications. Ne serait-ce pas, en effet, faire injure à ces filles de la Grande-Bretagne qui auront librement et spontanément contribué au salut de l'Angleterre en sacrifiant généreusement leur sang et leur or, que de croire que leur reconnaissance à l'égard du Japon sera inférieure à celle de la mère patrie pour sa fraternité d'armes en Orient contre l'ennemi commun et sa scrupuleuse fidélité à observer les clauses parfois onéreuses de la grande alliance ?

*
* *

La même question d'immigration est toujours pendante entre le Japon et les États-Unis. Les difficultés qu'elle soulève auraient même atteint un degré d'acuité inquiétant. Le dernier « bill » porté sur ce sujet au Congrès de Washington, et dont j'ai parlé récemment, continue à être considéré comme une offense à la dignité de l'empire du mikado. On s'attendrait même à une protestation de l'ambassadeur japonais à Washington. Quoique ce projet sur l'immigration ne mentionne pas directement le Japon, on le considère comme stigmatisant les nationaux japonais. Ce projet de loi détermine qu'aucun étranger qui n'est pas dans les conditions requises pour pouvoir devenir citoyen, ne pourra mettre le pied sur le territoire des États-Unis, excepté les étrangers des nations avec lesquelles le gouvernement de Washington a signé une entente ou une convention spéciale. Le Japon, sans doute, est dans ce cas, mais, par le « Gentlemen's agreement », il a promis de restreindre l'émigration de ses travailleurs aux États-Unis. Si donc le nouveau « bill » maintient le *statu quo*, on le considère comme une mesure sévère qui ferme tout horizon aux aspirations japonaises en Amérique, distingue ce peuple des autres et le frappe d'une incapacité humiliante pour toute nation qui se respecte.

*
* *

Le problème chinois soulève, lui aussi, des récriminations de plus en plus âpres entre le Japon et les États-Unis. Certains journaux américains lui reprochent d'exercer une trop forte pression sur sa grande voisine et de faire des préparatifs navals et militaires qui dérangeraient les plans de la défense nationale des États-Unis. Ils prétendent aussi que ce n'est pas sans crainte qu'ils voient le Japon commencer à se lier intimement avec la Chine. Le *Mainichi* d'Osaka et le *Nichinichi* de Tokio se défendent contre de pareils soupçons. Jamais, prétendent-ils, le Japon n'a essayé de contraindre la Chine par la force. Aussi bien, l'an passé, le Japon n'a fait dans l'Empire du Milieu que ce que toute puissance occidentale aurait fait dans les mêmes circonstances. Si les avances du Japon chez ses voisins sont une menace pour la paix avec les États-Unis, pourquoi les progrès de l'Angleterre en Afrique ne mettent-ils pas en conflit les deux nations de même langue ?

Le Japon n'a pas le moindre désir d'entrer en guerre avec l'Amérique, déclare le *Mainichi*; il a besoin de toutes ses forces pour faire face à ses propres affaires en Extrême-Orient et pour s'acquitter de ses obligations d'alliance. Si une nation montre une attitude menaçante sur le Pacifique, ajoute le journal, n'est-ce pas les États-Unis ? Ils ont annexé Awaï, pris Guam, et les Philippines, et ainsi entouré le Japon comme d'une chaîne. Est-il étonnant que ce dernier ne se sente pas à son aise ? En ce qui concerne la Chine, l'Amérique n'est-elle pas agressive, elle qui ne pense qu'à y assurer ses propres intérêts ? aussi bien n'est-ce pas elle qui devrait être la dernière à critiquer les légitimes aspirations du Japon dans l'Extrême-Asie ? Mais, continue le journal, ne donnons pas trop d'importance à ces coups de boutoir de la presse américaine, car il y a tout lieu de croire qu'ils sont inspirés par ces Américains allemands qui n'ont qu'un but : créer un conflit entre le Japon et les États-Unis, afin de neutraliser ces deux puissances qui prêtent un si précieux concours à la Quadruple-Entente dans sa lutte implacable contre l'ennemi commun.

Le clair bon sens de la majorité du public nippon perçoit très bien d'ailleurs que ces conflits qui s'élèvent du côté des États-Unis ne peuvent avoir une solution définitive qu'après la guerre européenne. Aussi sait-elle temporiser et ne pas entraver la politique ferme d'union avec les alliés.

*
* *

Il est hors de doute qu'on ne saurait être trop reconnaissant à ce grand et noble peuple japonais de la part importante qu'il a fournie jusqu'ici à l'œuvre commune, et qu'il n'est pas inutile de rappeler de temps à autre à notre mémoire. L'Allemagne s'était solidement installée en Chine, à Kiao-Tchéou, d'où elle pensait rayonner sur tout l'Empire des Célestes et y acquérir par ses louches intrigues et son absence de scrupules une situation prépondérante. Sa diplomatie machiavélique était un objet d'inquiétude pour toutes les nations, dont elle menaçait les intérêts. Une escadre japonaise a pris Kiao-Tchéou, l'a nettoyé de tout ce qui sentait le prussien, a ruiné l'influence germanique en Extrême-Orient et supprimé ainsi une cause perpétuelle de trouble dans ces régions.

A cette œuvre déjà importante, il faut joindre l'appoint que cette chevaleresque nation nous a apporté, non seulement, comme le disait le comte Okuma dans son message, en permettant aux alliés de concentrer leurs forces en Europe et de conserver en Orient leurs intérêts commerciaux ou autres, mais encore en leur donnant la liberté des mers, car c'est avec le concours des escadres japonaises que les marines britannique et française ont fait une telle chasse aux navires de guerre ou de commerce ennemis, qu'actuellement, en dehors de la Baltique, nulle part ne flotte un pavillon allemand.

Quant à l'aide que le Nippon a fournie à la Russie, par l'envoi de canons et de munitions, elle est inappréciable, et personne n'ignore que c'est en partie à ce matériel de guerre japonais, envoyé sur le front russe par le Transsibérien, que non seulement l'offensive allemande a été enrayée en Pologne, mais aussi que la Russie a pu enfoncer le front autrichien en Bukovine, victoire qui est le commencement de la débâcle des empires centraux.

*
* *

Dans le même ordre d'idées, quoique dans un cadre plus restreint, n'est-elle pas tout à fait digne de notre gratitude, cette attention qu'a eue le Japon à l'égard de la France d'envoyer, à Paris, une mission médicale pour nos blessés, sous la direction du Dr Shihoda, un des plus éminents professeurs de la Faculté de Tokio, accompagné des très distingués Drs Moteki et Watanabe, et du Dr Hosokawa, chef du service de pharmacie ? La mission comprenait, en outre, un certain nombre d'infirmiers, membres de la Croix-Rouge japonaise : deux infirmières-majors, Mlles Yuasa et Omma, vingt autres infirmières, deux interprètes, un comptable et deux domestiques, au total trente et une personnes.

Installée à l'hôtel Astoria avec le titre d'hôpital de première catégorie, cette mission, entretenue entièrement aux frais du gouvernement japonais, est restée parmi nous depuis le 15 février 1915 jusqu'au 15 juin 1916, renouvelant trois fois un bail de cinq mois accordé par le mikado.

Cet hôpital japonais ne reçut à peu près que des grands blessés. 700 d'entre eux y ont été opérés par le professeur Shihoda, et, sur un effectif de 900 blessés qui reçurent des soins à l'Astoria, il n'y eut que 21 décès en quinze mois. Notre service de santé estimait à sa valeur un tel concours ; aussi souhaitait-il vivement qu'il pût se continuer, mais le bail ne fut pas renouvelé et la mission reprit la route du Japon. Inutile de dire combien la France apprécie une telle démonstration de confraternité. Ce sont là des témoignages de sympathie qui ne s'oublient pas. La Société franco-japonaise de Paris a donné, quelques jours avant leur départ, un thé d'honneur aux membres de la mission japonaise, durant lequel une voix autorisée a su leur exprimer toute la reconnaissance que leur conserverait la capitale pour tant de dévouement, de douceur et de courtoisie délicate dont ils ont fait preuve pendant leur trop court séjour parmi nous.

*
* *

Cela ne nous donne-t-il pas l'occasion de rappeler

que la médecine fut, à toutes les époques, la science privilégiée des Japonais ? Ce sont d'ailleurs leurs médecins qui, les premiers, adoptèrent la science occidentale. Leur esprit, très bien doué pour l'expérimentation, les portait vers cette branche importante des sciences. Ce fut vers le milieu du XVIIIe siècle, en pleine période d'isolement, alors que seuls quelques Hollandais étaient tolérés à Nagasaki, que le docteur Nakagara, qui n'avait encore jamais eu en main que des ouvrages de médecine chinoise, put se procurer deux livres d'anatomie hollandais avec des planches. Il parvint, avec Sugita et quelques autres médecins de ses amis, non sans peine, à comprendre suffisamment cette langue pour tirer parti de ce que contenait l'ouvrage. Ayant obtenu la permission de disséquer le corps d'un criminel qui venait d'être exécuté, le petit cénacle se persuada vite que la science chinoise n'était que duperie et que les livres d'Occident apportaient la vérité.

Après quatre ans d'étude, Sugita publiait, en 1773, en japonais, le *Nouveau Traité d'anatomie*. Ce fut encore lui qui dans la suite introduisit au Japon le système de Linné. Il se forma ainsi une école hollandaise de médecins japonais vers laquelle, de toutes parts, affluaient des étudiants. Siebold, vers 1824, enseigna l'usage de la vaccine, qui se répandit un peu partout à travers l'empire. Entre temps, il se formait une pléiade de médecins éminents qui, à l'époque de la Restauration impériale, étaient tous en pleine valeur.

Inutile de faire remarquer combien, depuis 1868, la science médicale moderne dans toutes ses spécialités fut mise à contribution par le corps médical japonais qui, aujourd'hui, ne fait que continuer la tradition glorieuse de ses ancêtres. Un des plus célèbres, parmi les savants japonais, est actuellement le Dr Kitazato Shibasaburo, né en 1856, à Kumamoto. Il est l'auteur de travaux remarquables sur la diphtérie et le tétanos et, le premier, en 1889, arriva à obtenir des cultures pures du bacille du tétanos et à démontrer que cette maladie a une origine microbienne. Il remplit quelque temps les fonctions de professeur à l'Université de Tokio et fut ensuite appelé à la direction du laboratoire gouvernemental de sérum sanguin. Le Dr Shiga fut aussi le premier à bien étudier et à bien décrire le bacille de la dysenterie bacillaire épidémique. Citons encore le Dr Noguchi, à l'institut Reckfeller, qui est parvenu à réaliser la culture pure du microbe de la syphilis, et a fait de remarquables travaux sur la physiologie des venins.

Il faut ajouter que la chirurgie japonaise est très avancée. La remarquable finesse et délicatesse de main, jointes à la sûreté surprenante du coup d'œil du Japonais, en font un praticien né. Aussi n'est-il pas étonnant que sir F. Trèves ait dit ce mot cité par le baron Suyematsu : « Je suis absolument certain que, d'ici peu d'années, nous trouverons au Japon une des plus remarquables écoles de chirurgie que le monde ait jamais vues. »

Le Dr Shihoda, l'éminent professeur de la Faculté de Tokio, qui, pendant plus d'un an et demi, s'est dévoué à nos grands blessés et n'en a pas opéré moins de 700, dont à peine une vingtaine n'ont pu être sauvés, ne vient-il pas confirmer cette parole et montrer que déjà cette flatteuse prévision est devenue une bienfaisante réalité ?

VIII. — LE JAPON, LES ÉTATS-UNIS ET LA CHINE

.

Au dernier moment, une dépêche nous apprend la signature à Pétrograd de l'entente entre le Japon et la Russie, dont le texte a été publié.

Il n'est pas besoin de faire ressortir la haute portée de cette convention que l'on considère comme une alliance officielle entre les deux grandes nations. Un équilibre asiatique vient de se former qui doit être maintenu par la paix, à moins qu'il ne soit réellement en danger, dans lequel cas on recourrait à la puissance des armes. C'est une ère de vie nouvelle qui commence dans l'Asie orientale, où nul conflit ne pourra s'élever entre les deux puissances contractantes.

La France, dont les intérêts dans cette partie du globe s'harmonisent avec ceux du Japon, ne peut que se réjouir de ce grand acte politique du gouvernement de Tokio. L'Angleterre, de son côté, considère le traité que viennent de signer MM. Sazonoff et Motono comme renforçant l'alliance anglo-japonaise et consolidant les relations générales entre tous les alliés en Extrême-Orient.

CHAPITRE IX

Le Japon et ses Alliés. — Le récent traité russo-japonais. — L'avenir du Japon en Asie.

14 Septembre 1916.

Le peuple japonais n'ignore pas les menaces que lui adressent les annexionnistes allemands dans les bruyants programmes de conquêtes qu'ils répandent à travers la presse mondiale. C'est au Japon qu'ils attribuent principalement la perte de leurs colonies, et, à leur dire, cette puissance saura un jour ce qu'il en coûte de s'être attaquée à l'Allemagne. Ces menaces ont sans doute été proférées avant le coup de théâtre de la Roumanie, qui vient avec ses 600.000 hommes de troupes fraîches aider les Russes et l'armée de Salonique à régler l'affaire de la Bulgarie et à isoler les Turcs de l'Autriche, ce qui sera le prélude de l'effondrement des puissances centrales ; mais nous savons combien cette race d'énergumènes essayera vainement de payer de mine jusqu'à la débâcle finale qui ne saurait être très lointaine maintenant, et le Japon le sait aussi ; voilà pourquoi il se rit des fanfaronnades tudesques et continue à affirmer et à consolider de plus en plus son intime union avec les alliés, dont les drapeaux frissonnent déjà sous les premiers souffles de la victoire.

Une nouvelle preuve de cet attachement indissoluble à la cause du droit et de la civilisation nous est donnée dans une adresse du baron Ishii, ministre des Affaires étrangères à Tokio, ancien ambassadeur à Paris, câblée au *Times* il y a quelques semaines et dans laquelle, après avoir fait l'éloge du courage et de la ténacité du peuple anglais pendant la présente guerre, il rappelle les vigoureux efforts faits par son pays pour la cause commune. C'est grâce à lui que le commerce en Orient a été complètement à l'abri des molestations allemandes, insupportables jusqu'à la prise de Tsing-Tao. De même c'est l'ardent dévouement de ses concitoyens qui a fourni à la Russie des munitions en abondance. « La nouvelle convention russo-japonaise, ajoute-t-il, ne sera pas une mince preuve de la volonté inébranlable du Japon de rester fidèle à son alliance avec l'Angleterre. Ce traité est une nouvelle réplique aux rumeurs tendancieuses qui prétendent que le Japon ou la Russie pourraient conclure une paix séparée ou former dans l'avenir une combinaison avec les puissances opposées à l'une de ces deux nations. Quelles que soient les circonstances qui puissent se présenter après la guerre, il n'est pas douteux que les véritables intérêts du Japon et de l'Angleterre seront invariablement communs et harmonieusement coordonnés. »

Ce message exprime bien, malgré quelques rares voix discordantes de politiciens mal équilibrés comme on en trouve partout, la volonté unanime de la nation, volonté qui n'est d'ailleurs que le résultat d'une juste estimation de ce qui lui est avantageux et d'une saine appréciation des grands événements qui se déroulent actuellement en Europe.

*
* *

Le traité signé avec la Russie le 3 juillet dernier, auquel fait ici allusion l'éminent homme d'Etat, a eu pour conséquence immédiate, non seulement d'affirmer à la face du monde l'union indissoluble de l'empire du mikado avec les alliés et de créer l'équilibre asiatique, mais aussi de fixer définitivement, par l'arrangement séparé qui l'a suivi, un point excessivement important de la politique d'Extrême-Orient, et cela au mieux des intérêts des deux grandes nations. Il ne s'agit rien moins que d'une nouvelle orientation des aspirations russes en Asie. On n'a pas oublié que la cause de la guerre russo-japonaise fut la possession de Port-Arthur. La Russie jusqu'à cette époque n'avait, dans sa politique asiatique, travaillé, semble-t-il, qu'à obtenir cette avantageuse cité maritime. Elle ne pouvait l'atteindre qu'en occupant la Mandchourie et la Corée : de là ces efforts persévérants, hardis, aventureux même qui, peu à peu, par le moyen du Transsibérien qu'on avait infléchi sur Karbin, Moukden et le Kouan-Tong, étendaient l'emprise russe jusqu'à la presqu'île du Liao-Tong.

Le Japon, qui depuis de longs siècles se sentait des droits sur la Corée, ne put supporter la perspective de se voir supplanté. Sa guerre fut victorieuse, et le traité de Portsmouth (1905) inaugura une paix durable parce qu'elle supprimait toute cause de conflit et conservait chez les deux antagonistes l'estime et le respect mutuels. En abandonnant Port-Arthur, le gouvernement russe sa libéra du « boulet asiatique » qui ne pouvait qu'entraver la marche de sa politique en Occident et par le fait se rapprochait du Japon qui ne voyait plus dans l'empire du Nord un rival prêt à le supplanter, mais un auxiliaire précieux dans sa politique continentale. Aussi, le traité de Portsmouth fut-il suivi d'une série d'accords qui unirent étroitement les deux grandes puissances : celui de 1907, qui n'était en somme qu'un complément et une interprétation du traité de 1905 et fixait à chacun des contractants le champ d'exploitation économique dans toute la région mandchourienne traversée par le Transsibérien, ainsi que leur sphère d'influence en Mongolie ; celui de 1910, déjà plus explicite, qui est une affirmation d'alliance pour un but déterminé : le maintien du *statu quo* en Mandchourie et la résolution d'agir de concert s'il était menacé ; celui de 1912, surtout destiné à définir avec plus de précision les zones d'influence et d'action des deux nations en Mandchourie et en Mongolie, et enfin celui du 3 juillet dernier, qui nous montre les deux puissances déterminées à marcher de concert pour défendre et sauvegarder leurs intérêts en Asie en même temps qu'elles se promettent, comme le rappelait à l'instant le baron Ishii, de ne prendre part à aucune combinaison politique hostile à l'une d'entre elles.

Il est aisé de voir dans ces arrangements successifs que la question mandchourienne est devenue pour la Russie une question secondaire, et M. Iswolski a justement estimé qu'après l'abandon de Port-Arthur, la Mandchourie n'était plus pour son pays qu'une valeur d'échange. Si donc quelqu'un devait en profiter, n'était-ce pas le fidèle allié qui, durant ces deux années de guerre, l'a aidé avec un dévouement absolu ? Aussi, dans un arrangement complémentaire du dernier traité, la Russie vient-elle de vendre à son co-signataire la moitié méridionale de la voie ferrée de Karbin à Chang-Chouen et de lui accorder le droit de navigation sur la partie de la Sungari, entre Kirin et la rivière Nonni. C'est la Mandchourie centrale qui passe sous l'influence japonaise, c'est-à-dire un territoire de 800 kilomètres de long sur 200 de largeur, magnifique terre d'immigration pour le surplus de la population nipponne où elle ne rencontrera pas les difficultés de différence de race contre lesquelles elle doit se débattre aux États-Unis ou dans les colonies anglaises. D'ailleurs, l'affluence de l'élément japonais en Mandchourie s'est fait sentir depuis quelques années dans de notables proportions. On y comptait, en 1908, 58.000 émigrants japonais; ce nombre s'élevait à 81.000 en 1911 et à 100.000 en 1914. Grâce au traité sino-japonais de 1915, qui développait des droits et les facilités des résidents en Chine, ce nombre s'est sans doute accru, mais après la nouvelle alliance russo-japonaise et le beau geste de gratitude qui le couronne, toute barrière est abattue et l'excédent de la population de l'archipel trouvera dans cette acquisition un déversoir et un centre d'activité pour maintes générations.

*
* *

Aussi bien le grand problème qu'agitent actuellement les politiques japonais est celui de l'expansion du Japon à travers le monde. Dans les journaux, dans les revues, ce sujet est le leitmotiv qui revient sans cesse. Voici M. Minori Maita qui traite particulièrement de l'émigration nippone en général et met au point, avec beaucoup de calme, cette question brûlante qui, ces derniers temps, paraissait devoir soulever des complications graves avec les États-Unis.

Après avoir mis sous nos yeux une statistique établie en 1913, fixant la population japonaise à 52.911.800 habitants, avec un accroissement annuel qui dépasse de 40 pour 100 celui de l'Angleterre, il nous fait remarquer qu'il n'est pas étonnant que cette population débordante dont la densité est de 240 habitants par kilomètre carré, tandis que celle de l'Angleterre n'est que de 161, envoie dans toutes les directions des courants d'émigrants, et spécialement dans les pays neufs où la vie humaine est clairsemée et les moyens de sustention faciles et abondants. En 1914, il y avait à peu près 400.000 Japonais dispersés sur le globe : 134.000 en Asie, 117.122 en Amérique, 106.865 en Océanie et 1.231 en Europe. La Chine en comptait 121.356. Les États-Unis sans Hawaï, 79.642 ; Hawaï, 90.808 ; le Brésil 15.462, et le Canada 11.959. Nous ne voyons pas figurer ici l'Afrique, qui est réfractaire à l'élément japonais. Quant à l'Europe, ses quelques 1.231 Japonais étaient ainsi répartis : 478 en Angleterre, 129 en France, 89 en Russie, 17 en Italie, 15 en Belgique, 8 en Espagne, 6 en Suède et 5 en Hollande.

La question de l'émigration japonaise, qui a fait tant de bruit ces derniers temps, ne concerne en somme que les États-Unis et quelque peu le Canada. Aucune protestation ne s'est jamais élevée, ni en Chine, ni au Brésil, ni dans les autres contrées de l'Amérique du Sud, où manque la main-d'œuvre pour l'exploitation des richesses naturelles.

En ce qui concerne les États-Unis, l'auteur fait remarquer qu'à aucune période le gouvernement japonais n'a encouragé l'émigration dans cette contrée. Le marquis Komura, le fondateur de la diplomatie japonaise moderne, y a toujours été hostile et avait fait connaître sa manière de voir bien avant le mouvement anti-japonais sur la côte du Pacifique. Ce n'est pas qu'il ne fût pas convaincu de la nécessité d'émigrer, mais son opinion était qu'il fallait chercher des débouchés en Asie, où la question des races ne se poserait pas avec autant d'acuité. Cette pensée n'a cessé, depuis, de diriger le ministère des Affaires étrangères de Tokio ; aussi le fameux « gentleman's agreement » de 1907 fut facilement accepté, et la solution eut un plein succès puisque si, durant la période de 1909 à 1913, il y eut 21.441 admissions japonaises aux États-Unis, on compte durant la même période 26.981 départs, soit un excès de départs de 5.540.

Il en est à peu près de même pour le Canada, où le nombre des émigrants japonais fut limité par l'arrangement Lemieux. Dans le seul exercice 1913-1914, il y eut une décroissance de 293 unités sur l'exercice précédent. Il est d'ailleurs hors de doute qu'à aucun moment et dans aucune des négociations japono-américaines ou japono-canadiennes, le gouvernement de Tokio n'a fait la moindre démarche pour demander qu'on acceptât un plus grand nombre d'émigrants. La politique japonaise d'après guerre sera la même qu'actuellement, et l'auteur voit le remède à l'excès de population de son pays, non seulement en Mandchourie, mais encore dans d'autres vastes dépendances continentales qui viennent de lui être largement ouvertes par les récents accords avec la Chine dont nous avons déjà parlé. Au surplus, les grandes luttes économiques qui se préparent vont exiger dans l'empire un travail intensif qui occupera davantage la population et diminuera les tendances à s'expatrier.

On ne voit guère actuellement qu'une seule difficulté qui mérite d'être prise en considération, et l'auteur estime qu'elle est facilement soluble, c'est d'obtenir, des États chez lesquels vivent quelques groupes de Japonais, que ces derniers reçoivent le même traitement et la même protection qu'on accorde aux citoyens des autres États ; on évitera ainsi de porter atteinte à l'honneur de l'empire. Dans sa conclusion, M. Minoru Maita estime que la sagesse et la justice des nations occidentales accorderont au Japon ce minimum d'égards, et il est persuadé que cette question n'est plus capable de susciter un conflit international, quoiqu'elle puisse continuer à servir de matière à criaillerie pour quelques leaders démagogues ou pour des politiciens sans valeur.

Le Dr Kambe, dans un article du mois d'août, recherche où et dans quelle mesure pourra se réaliser cette expansion nationale à laquelle le Japon a droit. Il pense que son pays ne pourra exercer ce droit que dans la mesure où les autres nations le lui reconnaîtront, laquelle sera déterminée par les succès qu'obtiendra la méthode de colonisation japonaise. Voilà pourquoi il est nécessaire que le Japon gouverne son domaine colonial actuel : Formose, la Corée, Sakaline et le Kouang-Tong, avec la plus grande perfection possible. Aussi bien ce développement ne devra pas être recherché vers le Nord, comme le prétendent quelques-uns, car la seconde partie de l'île Sakaline ou la Sibérie sont insignifiantes au point de vue économique, cela saute aux yeux. C'est vers l'Est et vers le Sud que se trouvent, pour le Japon, les terres promises.

La Chine, voilà le premier objet de la politique coloniale du Japon. Ceci est inévitable. Les relations géographiques des deux nations, leurs affinités au point de vue de la forme sociale, de la race et de la langue l'imposent. Les produits japonais sont d'ailleurs plus aptes à satisfaire le Chinois que les marchandises d'Europe ou d'Amérique. La Chine sera toujours par excellence le marché commercial et manufacturier du Japon. De plus, elle est riche en matières brutes dont manque l'archipel. Il ne faut pas oublier que la Chine fournit au Japon le fer et le coton, sans lesquels ni ses filatures ni ses armées ne sauraient subsister. Cette réciprocité de services sera un bénéfice inappréciable pour les deux peuples. En ce qui concerne le développement japonais dans les mers du Sud, Formose aura une grande importance, on doit la protéger à tout prix. Il va sans dire que la marine sera le grand facteur des progrès futurs ; il faudra la rendre de plus en plus puissante.

Je viens de donner les pensées les plus importantes de l'article. On voit qu'il précise l'action en Chine et laisse au sein d'un dense brouillard les domaines convoités dans les mers du Sud, de crainte peut-être qu'on y voie flotter le pavillon des États-Unis ou de la Hollande.

Dans un des derniers numéros du *Tayo*, revue la plus répandue de l'empire, le Dr Ukita, prenant la question d'un point plus élevé, essaye de définir le rôle du Japon dans le monde. Il a la conviction que cette mission concerne l'avenir et non le passé, ce qui paraît assez surprenant pour un peuple qui possède encore le culte des ancêtres. Mais cette anomalie ne l'arrête pas, au contraire ; il lui paraît logique qu'une race qui peut se prévaloir d'une lignée ancestrale aussi incomparable peut espérer accomplir encore de plus grands gestes. Pour lui, la situation géographique du Japon et ses qualités de race le rendent sans rival dans sa marche vers l'hégémonie en Extrême-Orient. La raison en est que seul il a su ajouter la civilisation occidentale et ses méthodes à la sienne propre. Il a ainsi laissé bien loin en arrière tous ses voisins qui rêvent encore dans l'obscurité des âges passés. L'Inde et la Chine, dont il possède le meilleur de la civilisation, lui ont reproché, lorsqu'il commençait à s'habiller à l'européenne, de courir deux lièvres à la fois. Mais le Japon a fait la sourde oreille ; il a persisté dans sa nouvelle politique, réorganisé son administration, fait progresser ses relations diplomatiques et finalement remporté la victoire dans deux grandes guerres, s'imposant ainsi à l'attention de toutes les nations civilisées. L'auteur n'ignore pas qu'une des plus grandes difficultés de la tâche de sa patrie sera d'arriver à déterminer les peuples d'Orient à briser leur croûte de conservatisme pour la suivre dans la voie de la civilisation nouvelle. — De même il n'ignore pas les défiances, tant des puissances occidentales que de ses voisins, qui appréhendent que leur sol ou leurs colonies ne subissent le sort de la Corée. Autant de raisons, dit-il, qui donnent quelque instabilité à la situation de l'empire.

Une autre constatation l'attriste, c'est que, quoique

les Japonais ne se considèrent comme inférieurs à aucun peuple de la terre, les Occidentaux sont portés à les placer au même niveau que les autres nations de l'Orient et à croire que le génie de leur race aussi bien que leur religion et civilisation seront à jamais inconciliables avec la mentalité européenne. Il est assez curieux, en effet, de voir qu'en dépit de son engouement pour la science moderne, le Japon conserve encore le culte de ses divinités shintoïstes, et déifie ses chefs. De telles pratiques n'existent plus chez les civilisés et ne trouvent guère une contre-partie en Occident que dans les vieilles religions grecque et romaine. Qu'une nation moderne s'accroche encore à de telles conceptions religieuses, voilà ce qui doit être une énigme pour les nations d'Europe. L'aversion des étrangers pour le Japon n'est pas atténuée par l'histoire de son brillant passé ni par la perspective plus glorieuse encore de son avenir. Aussi ne lui reste-t-il, et c'est la conclusion de l'écrivain, qu'à ne compter que sur lui-même et à forger sa destinée en dépit des critiques et de l'opposition.

M. Ukida est un peu pessimiste ; il l'eût été moins sans doute s'il avait écrit après la signature en juillet de l'alliance russo-japonaise. Son article la précède, en effet, quelque peu. J'en ai donné l'ossature pour montrer quelle est l'ambition du Japon, et de quelle façon il envisage son rôle dans l'avenir. Il se sent appelé à conduire et à civiliser l'Extrême-Orient, et pour atteindre ce but, il doit y développer sa puissance par la colonisation, la diffusion du génie de sa race et le rayonnement de sa double civilisation. Il se regarde comme le professeur-né de l'Asie, le seul capable, par son affinité de langue, de forme de pensée, d'atavisme intellectuel, de se faire comprendre des populations asiatiques. Il se considère comme le truchement entre la pensée de l'Orient et de l'Occident. A-t-il raison ? L'avenir le dira ; mais il semble bien qu'il n'est pas encore prêt à remplir adéquatement cette lourde tâche, qu'il lui faudra encore un certain nombre de lustres, peut-être de siècles, pour acquérir les qualités nécessaires à un professeur de la vraie civilisation qui est comme la fleur du christianisme, et qu'on ne peut guère comprendre qu'en passant par l'Évangile.

Jusque-là, malgré ses canons lourds, sa télégraphie sans fil, ses dirigeables et tout l'attirail des progrès et de la science moderne, l'illustre et sympathique nation, figée dans son vieux shintoïsme enfantin, ne ressemblera guère, au point de vue moral, qu'à un organisme fossile contemporain de la parfois bien répugnante mythologie des Grecs du temps d'Homère ou des vaines apothéoses de la Rome des Césars. Où seront ses titres pour entreprendre l'éducation de l'Asie ?

CHAPITRE X

Conflit sino-japonais et « chiffons de papier. » — Le nouveau Cabinet Terauchi. — Une révolution pacifique.

14 Novembre 1916.

La presse allemande et autrichienne avait claironné à tous les vents, il y a quelques semaines, que les troubles récents de Mandchourie devaient soulever un inévitable conflit entre la Chine et le Japon. Malgré le vif désir des deux nations complices il n'en sera rien. Les difficultés recevront une solution à l'amiable, et le Japon restera les mains libres pour continuer sa coopération précieuse à la victoire des alliés. Susciter des embarras au Japon, annihiler ses forces matérielles et morales en l'engageant dans une guerre soit avec la Chine soit avec les États-Unis, voilà le but premier de toute la diplomatie allemande en Extrême-Orient. N'est-ce pas à cette fin que dernièrement la *Gazette de Francfort*, appuyant la *Gazette de Cologne*, osait offrir la Chine au Japon, en lui proposant une alliance? Quel manque de dignité ! Le Japon vient de souffleter l'Allemagne en l'évinçant de Tsing-Tao, en lui confisquant toutes ses colonies des mers australes et en ruinant ses espérances en Extrême-Orient, et la voilà qui, platement, vient se mettre à ses pieds, et lui proposer une alliance, mais aussi quelle aberration ! Comment peut-elle croire que le Japon acceptera la Chine de ses mains souillées sans se rendre compte qu'ainsi faisant, il va s'engager en un conflit inextricable avec les États-Unis ainsi qu'avec toutes les puissances alliées ?

Ce sont là propos de gens aux abois. Ils se sentent perdus. Le Japon le sait bien. L'hallali final s'approche. La bête est dure, ses jarrets sont encore résistants, mais c'est en vain ; elle court sans espérance d'échapper, car elle se sait traquée de tous côtés par des chasseurs nombreux, puissants et implacables. Ah ! c'est eux-mêmes qui le disent dans leurs moments de sincérité. On n'a peut-être pas assez remarqué l'article de la *Munchener Neueste Nachrichten* intitulée : « L'importance de l'heure actuelle ».

« La pression de nos ennemis, dit-elle, n'a jamais été aussi régulière et si formidable que pendant ces derniers mois. Jamais nous n'avons matériellement plus souffert des tentatives anglaises de nous affamer. Autour de nous un cercle d'ennemis puissants se resserre... Il faut que nous, Allemands, nous regardions bien en face cette réalité et il nous faut bien voir que nous sommes en danger de passer au dernier rang, que nous y sommes peut-être déjà, non seulement matériellement, mais aussi moralement.

« C'est le monde entier que nous avons contre nous. Nous ne sommes pas encore au maximum des sacrifices qu'exige de nous cette guerre, sacrifices de sang, de biens, de labeur. Il faut jeter dans la partie ses dernières ressources. Celui qui n'en a pas le cœur est perdu. »

Ces paroles étaient écrites bien avant les dernières victoires italiennes et la conquête de toute notre enceinte fortifiée de Verdun. Ce n'est pas le fantôme d'indépendance de la Pologne et de la Galicie que les Austro-Allemands se vantent de créer, dans le seul but de se procurer de nouvelles recrues, qui les sauvera de la ruine finale. Elle est inéluctable. Nos ennemis doivent donc cesser d'espérer une défaillance de l'empire du Soleil Levant. L'âme japonaise est pétrie d'honneur, de dignité et incapable de renier sa parole et ses engagements. Qu'il y ait dans le monde politique de ce pays un petit groupe, une infime minorité tapageuse qui, comme partout, cherche à faire de l'opposition et ne craint pas de pousser à la conquête de la Chine, nous le savons. Il en est même quelques-uns qui n'hésitent pas à professer des théories d'outre-Rhin. N'a-t-on pas écrit dernièrement qu'à l'avenir, après cette guerre européenne, il n'y aura plus qu'une chose qui comptera dans les relations internationales, ce sera la force militaire et navale, qu'alors les nations ne considéreront plus les ententes, les traités ou les alliances comme des garanties de la paix que seules pourront maintenir de puissantes escadres et de gros régiments ?

C'est là une erreur contre laquelle on ne saurait trop s'élever. C'est dire que les serments, la parole donnée n'auront plus de valeur et d'efficacité à l'avenir ! On pourra considérer les traités internationaux à la façon de l'Allemagne, comme des « chiffons de papier ». La force seule primera tout. C'est la théorie du brigand armé qui pourra détrousser le citoyen paisible et sans défense sur la grand'route. La conscience humaine ni les sociétés n'accepteront jamais un tel principe. Qu'on ne dise pas qu'il y a deux morales, une pour les États et une pour les particuliers. Il n'y en a qu'une, et elle est éternelle. C'est ce que M. Poincaré a rappelé récemment dans son discours à l'Ordre des avocats du Barreau de Paris :

« Ils auraient la vue bien courte, ceux qui, dans les impératifs du droit privé, ne découvriraient pas les principes essentiels du droit public et qui croiraient un traité diplomatique moins inviolable qu'un contrat notarié. Non, non, il n'y a pas deux morales, l'une pour les individus, l'autre pour les gouvernements et les peuples. »

Inutile de faire remarquer de nouveau que cette opinion d'allure germanique n'appartient qu'à une infime minorité dans le monde politique japonais et qu'il n'y a pas lieu de s'y attarder davantage.

*
* *

Cette manière de voir n'est certes pas celle du Sage de Waseda le grand Okuma, l'ancien président du Conseil, ni celle du maréchal Terauchi, qui vient de lui succéder avec M. Motono, ancien ambassadeur à Pétrograd, comme ministre des Affaires étrangères. On a parlé beaucoup de ce brusque changement de ministère, mais on n'en a pas très bien compris les causes. Les uns prétendent que la démission d'Okuma serait due à la molle attitude du gouvernement dans les affaires chinoises, d'autres pensent qu'elle est le résultat de sa politique intérieure que la Haute Chambre refusa de soutenir quoique le Cabinet eût encore la majorité dans la Chambre Basse. Il s'agissait, dit-on, d'une question budgétaire qui n'avançait qu'avec difficulté. Quoi qu'il en soit, la raison apparente de ce changement nous est donnée par Okuma lui-même dans sa déclaration au Conseil des ministres : il dit que, en raison de son grand âge (il a 78 ans), et de ses infirmités croissantes, il jugeait qu'il devait se retirer malgré la confiance que lui conservait son pays.

Le maréchal comte Terauchi, appelé par l'empereur à prendre sa succession, est considéré comme un partisan de la politique d'expansion du Japon et comme un soldat à poigne qui saura prendre une attitude ferme tant à l'égard de la Chine que des États-Unis, mais on dit, d'autre part, qu'il est un homme d'État très avisé et surtout très prudent, qui ne changera vraisemblablement rien à la politique étrangère du Japon. C'est, d'ailleurs, ce qu'il a fait entendre lui-même dans une interview où il a déclaré que rien ne serait modifié par le nouveau Cabinet :

« Nos amis à l'étranger le savent, ajouta-t-il, et l'agitation créée à ce sujet en Amérique et ailleurs est due à un malentendu. Le militarisme ainsi que les agrandissements territoriaux sont de pures phrases de jingoïstes. La politique du Cabinet doit d'ailleurs se conformer aux désirs de l'empereur, par conséquent, avoir le même respect que les cabinets précédents pour tous les traités d'alliance et de relations amicales du Japon. »

Au sujet de l'Angleterre, il a fait, au printemps dernier, des déclarations très catégoriques :

« Dans les deux pays, a-t-il dit, les hommes doués de caractère et d'intelligence continueront d'adhérer sincèrement à l'alliance. Il est hors de doute qu'elle est d'un grand profit pour les deux partis. C'est ce que les événements ont déjà amplement démontré. Les relations entre le Japon et la Grande-Bretagne sont trop amicales et trop solidement établies pour être ébranlées par aucun malentendu de presse ou d'opinion. »

Seiki Terauchi est un ancien samuraï de la province de Choshù. Né en 1852, il entrait dans l'armée à l'âge de 19 ans. En 1882, il était à Paris comme aide de camp du prince Kanin, puis, pendant trois ans, de 1884 à 1887, fut attaché militaire à l'ambassade du Japon où il apprit à aimer la France dont il parle couramment la langue. De retour au Japon, il accepte la direction de l'Académie militaire. En 1894, il est nommé major général, et c'est en cette qualité que, pendant la guerre sino-japonaise, chargé des transports, il montra de remarquables qualités d'organisateur. Nommé lieutenant général, puis inspecteur général de l'éducation militaire et, enfin, sous-chef de l'état-major, il entre en 1902 dans le ministère Katsura comme ministre de la guerre, charge qu'il conserva jusqu'en 1910. La guerre russo-japonaise consacra sa réputation ; l'activité qu'il y déploya et les éminents services qu'il rendit lui firent gravir le faîte des honneurs et le placèrent au premier rang. En 1910, il est nommé résident général en Corée où il s'est fait remarquer par une administration énergique aussi bien que par l'ampleur de ses vues et sa probité. Sur l'appel de l'empereur, il vient de quitter la Corée pour remplacer Okuma à la tête du gouvernement.

Tout fait bien augurer de ce nouveau ministère. M. Motono, qui va prendre les Affaires étrangères,

nous a donné, dans sa réponse aux félicitations de
M. Briand, la preuve de sa profonde sympathie à l'égard des puissances alliées et de la France en particulier.

« Ce sera pour moi un grand honneur et un réel plaisir de pouvoir collaborer avec vous à la grande œuvre qui nous lie tous si étroitement. En ce qui concerne les relations entre le Japon et la France, vous pouvez absolument compter sur moi. Tous mes efforts tendront à arriver à un resserrement de plus en plus étroit de nos relations si sincèrement amicales. »

*
* *

On annonçait dernièrement que le gouvernement japonais a décidé de remplacer les caractères chinois par l'alphabet latin. Une Commission scientifique a été chargée d'en établir une transcription rationnelle. L'alphabet latin devra être enseigné dès l'année scolaire 1917-1918 dans toutes les écoles de l'empire.

Le mot de révolution n'est pas exagéré si l'on songe à l'importance de cette réforme. Mais pour la comprendre, il est nécessaire de connaître sommairement, au moins, ce qu'est au Japon le problème de l'écriture et de la lecture.

Le Japonais se sert des idéogrammes chinois mélangés de lettres syllabiques nipponnes. Il y a 47.000 caractères. Fort heureusement que pour pouvoir lire les choses courantes la connaissance du son et du sens de 3.000 à 6.000 caractères suffit, mais l'acquérir n'est pas une mince besogne, car il ne faut pas croire que ces caractères soient d'une simplicité et d'une clarté qui aident au travail de la mémoire. La plupart sont fort compliqués. Il en est qui sont de véritables dessins formés de 30 traits et même davantage. Ceux qui exigent 12, 15, 20, 25 traits sont très fréquents et d'un usage courant. Qu'on s'imagine le travail nécessaire aux enfants pour acquérir cette connaissance. Pendant les six années de classes élémentaires que suivent les jeunes Japonais, ils n'apprennent guère dans leurs livres de lecture que 12 à 1500 idéogrammes. C'est le maximum de ce qu'ils peuvent apprendre. Cette étude est un réel fardeau qui pèse sur ces petites têtes et dont on comprendra l'inutilité par ce témoignage d'un professeur d'enfants aveugles nippons affirmant que ses élèves ayant laissé de côté l'étude des caractères et ne se servant que d'une adaptation de la méthode de Braille apprenaient largement en quatre années ce que les autres mettent six ans à s'assimiler.

Il faudrait parler aussi de la confusion qu'apporte encore l'écriture cursive où le caractère ne se présente plus selon le type régulier, mais revêt un nouvel aspect, prend une forme abrégée et s'écarte d'autant du modèle que celui qui l'écrit est plus habile calligraphe ou plus cultivé.

La difficulté de lire et d'écrire ne diminue pas à mesure qu'on avance dans les études secondaires, mais au contraire ne fait que croître. Ceci est la conséquence du grand nombre de nouvelles notions apportées par la culture européenne et qui ont surchargé les livres d'une multitude d'idées et, par le fait, de mots inconnus des siècles passés. A l'époque shogunale, quand la culture était réservée aux classes supérieures et les loisirs nombreux, quand la science ne consistait que dans la lecture des classiques de la littérature chinoise, on trouvait du temps pour l'étude de ces nombreux caractères. Mais, depuis la Restauration, cela est devenu impossible, et l'on a dû restreindre de plus en plus dans les écoles le nombre des idéogrammes à apprendre. Il s'ensuit que, de nos jours, les Japonais qui ont achevé leurs études secondaires sont eux-mêmes inaptes à lire des ouvrages non pas difficiles, mais seulement de moyenne difficulté. Aussi bien trouve-t-on, à chaque instant, des lecteurs cultivés incapables de se rendre compte d'un texte ou, s'ils peuvent le lire, inaptes à le comprendre. Est-il étonnant que le Nippon soit si résigné à ne pas entendre ce qu'il lit?

Ce n'est donc pas sans raison qu'on a dit de cette langue qu'elle était « la plus difficile de toutes les langues existantes, et que ce système d'écriture est le plus compliqué et le plus incertain sous lequel gémit la pauvre humanité ». Aussi bien, il n'est pas douteux que si, jusqu'à ce jour, il y a eu entre la pensée de l'Occident et l'esprit japonais une si grande difficulté à se connaître, c'est en majeure partie à cette langue idéographique qu'il faut l'attribuer.

On avait bien essayé déjà, depuis la Restauration impériale, de se débarrasser de cette cangue chinoise. Dès 1884, une association s'était formée dans le but de créer une méthode d'écrire le japonais avec l'alphabet latin. On adopta celle d'un Américain, M. Hepburn, auteur d'un dictionnaire japonais-anglais, puis on publia des revues et on écrivit des livres en *romaji* (caractères latins) pour montrer la possibilité et les avantages de cette méthode. Cette première tentative ne réussit pas, mais elle fut reprise, il y a une dizaine d'années, et après un travail soutenu, quoique obscur, elle vient, comme nous venons de l'apprendre, d'aboutir à la réforme radicale si attendue des esprits clairvoyants et de tous les amis de cette nation.

Il ne s'ensuit pas évidemment que l'étude des caractères va devenir inutile du jour au lendemain. Il y aura toujours des spécialistes occupés à les apprendre, comme il y aura toujours des érudits versés dans les vieilles langues mortes d'Egypte, d'Assyrie et de Chaldée. Il faudra, d'ailleurs, de longues années encore avant que la réforme produise un résultat sensible. Mais le principe est posé, et dans cinq ou six générations, peut-être moins, la langue japonaise, débarrassée des idéogrammes chinois, sera aussi aisée à entendre que le français, l'italien ou l'anglais. Sa littérature, une des plus riches du monde, transcrite en caractères latins, deviendra intelligible sans peine pour les Occidentaux, et s'il est vrai que la littérature reflète l'âme d'une nation, ces derniers pourront, dès lors, arriver aisément à saisir les traits de cette âme nipponne demeurée si longtemps, pour les profanes, comme la statue d'Isis, voilée et mystérieuse.

CHAPITRE XI

. . . . . . (Censuré). . . . . . . — Un philosophe de la période des Tokugawa.

18 Janvier 1917.

M. le juge Elbert H. Gary, président de la Corporation de l'Acier des États-Unis, a fait dernièrement un voyage au Japon, où il a reçu un accueil très cordial. Dans les réunions et les banquets organisés en son honneur, il eut maintes occasions de parler des relations entre les deux peuples, où il proclama sa conviction qu'il n'y aurait pas de guerre entre eux, qu'une telle guerre était inconcevable, et que, d'ailleurs, l'opinion publique en Amérique y était tout à fait opposée. Or, voici, sur cette manière de voir, quel est le sentiment du *Yorosu*, un des journaux japonais les plus en vue. Il fait remarquer d'abord qu'il est fort agréable d'entendre dire que les rapports entre les deux nations sont bons et ne feront que s'améliorer avec le temps, mais, pour parler sans ambages, il considère M. Gary comme extrêmement optimiste. Ne ferme-t-il pas les yeux sur la situation réelle? Ignore-t-il de quelle façon sont reçus les Japonais dans son pays? Tandis que les Américains sont accueillis au Japon à bras ouverts, il n'est pas exagéré de dire qu'on traite les travailleurs nippons *comme des chats et des chiens* de l'autre côté du Pacifique. Actuellement encore, le plus grand nombre ne peut débarquer aux États-Unis sans passeport, et même ils sont rares ceux qui, munis de cette pièce, peuvent y séjourner, tellement on les entoure d'indifférence et de mépris. N'est-ce pas là une condition humiliante, une insulte nationale, capable de briser l'amitié de deux pays ? Aussi bien, pense encore le journal, M. Gary prétend que les Américains ne sont pas belliqueux ; mais que serait-ce s'ils l'étaient ? Feraient-ils des lois plus outrageantes pour l'Empire, et surtout voteraient-ils, pour leurs constructions navales, un budget de 65 millions de livres sterling, dépassant de 25 o/o les dépenses de l'Angleterre pour sa marine, pendant l'exercice 1914-1915 ? Devant ce fait, les Japonais ont-ils tort de manifester leurs craintes et d'augmenter le nombre de leurs cuirassés ?

Le journaliste nippon est dans son rôle en protestant contre les mesures offensantes pour son pays comme celle que l'État de Californie a votée récemment et qui souleva à Tokio une tempête telle, que M. Bryan dut s'entremettre, sans résultat d'ailleurs, à San Francisco, pour essayer d'adoucir la rigueur de ses décisions draconiennes. Toutefois, ne semble-t-il pas que les protestations japonaises ne sont valables qu'à demi si l'on considère la réciprocité des procédés ? Un des points de vue où se placent les Américains est sans doute celui-ci : comment eux, les Japonais, traiteraient-ils les ouvriers étrangers qui prétendraient aller travailler dans leur pays ? Ne sait-on pas que les règlements qui concernent la main-d'œuvre étrangère sont encore plus sévères au Japon que ceux portés aux États-Unis contre les Japonais, et que tout ouvrier chinois ou américain qui essayerait d'aller trouver du travail dans l'archipel serait aussitôt rapatrié ? Quant aux Japonais de condition libérale qui désirent s'établir aux États-Unis, ils peuvent le faire en toute liberté, comme d'ailleurs, au Japon, les Américains de la même classe sociale. Dans ces conditions, le Japon a-t-il le droit d'exiger davantage de son rival ?

Aussi bien personne n'ignore la méfiance et la sourde hostilité dont le Japon entoure, chez lui, tout ce qui vient de l'étranger. Craint-il d'humilier ses hôtes venus d'Europe ou d'Amérique, lui qui, dans la fameuse *Revision des traités*, a trouvé le moyen, alors que ses sujets peuvent posséder des terres partout en Occident comme dans le Nouveau Monde, de refuser à tout étranger le droit de propriété sur la moindre parcelle de son sol ?

Cette question de l'immigration japonaise aux États-Unis, qui paraît s'envenimer chaque jour, serait peut-être insuffisante à elle seule à déterminer le choc des deux nations, mais voici que la situation déjà grave s'alourdit encore du conflit économique des deux rivaux en Chine. On connaît le programme des Américains : « Ils revendiquent le droit absolu qu'a toute nation de vivre dans sa plus complète intensité, de s'étendre, de fonder des colonies, de devenir de plus en plus riche par tous les moyens convenables, tels que la conquête par les armes ou autres. C'est pour les États-Unis un devoir particulier. » Or l'Amérique a des prétentions en Chine, elle revendique ses droits sur le marché chinois. Un des buts de la conquête des

Philippines a été de se procurer une base d'opération d'où elle pût faire rayonner son action sur l'Asie. L'Amérique n'admettra jamais en Chine une politique de porte fermée. Or, précisément, ce qu'elle reproche au Japon, c'est de vouloir fermer cette porte qui, d'après tous les traités internationaux, doit rester ouverte ; elle l'accuse aussi de menacer l'intégrité de la Chine que les mêmes traités ont déclarée intangible. « Si donc les traités, les accords fondés sur le maintien et l'indépendance de la Chine sont totalement sans valeur, l'Amérique doit s'armer, et s'armer rapidement. »

Il n'est donc pas douteux, et à plusieurs reprises, dans les pages précédentes, j'ai signalé le fait, que le Japon, tout en remplissant avec zèle et dévouement ses devoirs d'allié dans la guerre européenne, profite des circonstances actuelles, qui lient les mains aux puissances occidentales, pour développer en Chine son influence . . *(censuré)*. . , comme par exemple lorsque, après la prise de Tsing-Tao, le baron Kato, alors ministre des Affaires étrangères du Cabinet Okuma, avait, à propos de la brusque suppression de la zone de guerre par la Chine, revendiqué des droits si exorbitants, que ce fut une *tolle* chez toutes les puissances. Nous avons encore un fait semblable à l'occasion des incidents tout récents de Chan-Cha-Tong qui servirent immédiatement au Japon de prétexte pour exiger son contrôle sur l'armée, l'administration, la police, l'instruction publique dans toute la République chinoise. Il faut signaler, d'ailleurs, que, en ces deux cas particuliers, ce fut sur des notes menaçantes de Washington que le Japon dut modifier et restreindre ses exigences, ce qui n'est pas pour améliorer les rapports entre les deux rivaux. L'annexion pure et simple de la Corée, la mainmise sur la Mandchourie avaient déjà provoqué de l'étonnement, et attiré de violentes protestations de la part des États-Unis ; plusieurs incidents diplomatiques assez âpres furent soulevés à ces occasions. C'est dire que le conflit entre les deux nations est grave et que, s'il est vrai que tout conflit économique amène tôt ou tard un conflit armé, il est possible qu'un jour ou l'autre, pour le règlement de leurs intérêts qu'ils considèrent comme vitaux, les deux antagonistes recourent aux armes.

Une troisième cause de conflit probable, c'est la volonté de l'Allemagne qui entend se servir du Japon pour abattre les États-Unis. Il n'est pas douteux qu'en dépit de toutes les apparences les États-Unis sont l'ennemi de l'Allemagne au même titre que l'Angleterre. Voici ce qu'écrivait, il y a quelques semaines, M. Ludwig Quessel, dans la publication allemande : *les Cahiers socialistes* : « Si nous rangeons l'Amérique latine dans la sphère d'influence anglo-américaine, il en résulte que nous sommes obligés, pour nous procurer 70 ou 80 pour 100 des produits coloniaux qui nous sont nécessaires, de nous adresser à des régions placées sous le contrôle politique et économique d'États qui ont envers nous les sentiments d'un ennemi. » Il faudra donc trouver le moyen de le terrasser. La recherche ne fut pas longue : acculer le Japon et l'Amérique à une guerre et, à cet effet, attiser le conflit économique des deux rivaux en Chine, les exciter l'un contre l'autre en poussant le Japon à se tailler une large part dans le gâteau chinois, et même à fermer poliment la porte de la Chine aux États-Unis. Les puissances centrales (la « Mittel-Europa ») s'offrent, pour atteindre ce but, à prêter leur appui au Japon s'il le leur demande, et à le soutenir dans toute éventualité. Elles vont même jusqu'à faire miroiter aux yeux des Japonais l'acquisition des Philippines à propos desquelles, dans une étude, M. Sandkuhl ne craint pas de dire que, « pour retarder un conflit avec des ennemis redoutés dans le Pacifique, les États-Unis accepteront peut-être de céder sans lutte les Philippines aux Japonais ». Peut-on mieux jeter l'un contre l'autre ces deux adversaires qu'en excitant d'un côté les appétits et de l'autre la colère ?

Nous espérons que le Japon aussi bien que les États-Unis éviteront le piège mal dissimulé. Avant de s'engager dans une guerre redoutable qui ferait le jeu de l'Allemagne et qui pourrait être, même pour le champion victorieux, la cause d'une ruine irréparable, le Japon ne saurait trop réfléchir et prévoir. La société japonaise de New-York, examinant la question de la guerre entre les deux pays, donnait un certain nombre de raisons non négligeables qui doivent éloigner le Japon d'une guerre avec les États-Unis. Ce sont : la crainte de s'aliéner le meilleur client du Japon, puisque plus d'un tiers de l'exportation japonaise va aux États-Unis ; les faibles ressources nationales et les fortes dettes de l'empire ; la distance de 2000 lieues entre les deux pays qui rendrait les opérations de guerre presque impossibles ; les immenses ressources et la grande population aux États-Unis ; les moyens de transport lents et insuffisants et la difficulté de se procurer du charbon ; l'impossibilité pour le Japon de trouver un aide financier ; le danger d'un rapprochement des puissances pour chasser le

Japon de la Chine ; les difficultés d'une descente à terre à cause des sous-marins et des défenses des côtes ; le danger de s'aliéner les sympathies de l'Angleterre, et enfin la dépendance du Japon à l'égard des États-Unis en ce qui concerne l'industrie textile.

. . . . (*10 lignes censurées*) . . . .

*
* *

On a fait, au Japon, beaucoup de bruit ces derniers temps, autour du nom d'un philosophe de l'époque féodale qui a joui, au xviie siècle, d'une grande renommée, et dont les œuvres volumineuses continuent encore à influencer les idées japonaises. Il s'agit de Yamaga Soko (1622-1685), qui, en même temps que penseur original, fut le fondateur d'un art militaire nouveau et obtint, en son temps, une certaine célébrité comme professeur de stratégie. Je n'ai à m'occuper ici de Yamaga qu'au point de vue de la philosophie, et, pour montrer combien ses doctrines sont encore vivantes dans les milieux cultivés japonais, il me suffira de dire que le fameux général Nogi, le vainqueur de Port-Arthur, avait fait publier à ses frais les œuvres de Soko, et les répandait à travers le peuple chez qui il voulait faire éclore l'esprit qu'elles contiennent et dont il était lui-même nourri. Aussi bien, avant de s'ouvrir le ventre, lui et sa femme, en 1912, au premier coup de canon qui annonçait le départ du cortège funèbre de l'empereur Mutsu Hito, Nogi avait eu l'idée de faire présent au jeune prince héritier d'une œuvre complète de Soko en lui disant que, lorsqu'il serait devenu grand, il en comprendrait la valeur et devrait s'efforcer d'en mettre en pratique les maximes. On doit remarquer aussi que les fameux 47 rônins dont le monstrueux courage est devenu légendaire, même en dehors du Japon, étaient aussi des disciples de Soko. Dès son vivant, d'ailleurs, comme encore aujourd'hui, une multitude de personnages de la haute société et des plus grands s'étaient faits ses disciples.

Pour apprécier la valeur et la doctrine de ce philosophe, il nous est nécessaire de le situer, en quelques mots, dans l'histoire de la philosophie du Japon qui précède la Restauration impériale, sans quoi nous courrions le risque d'être déroutés. Nous constaterons d'abord que jusqu'au commencement du xviie siècle, c'est-à-dire jusqu'à l'avènement des Tokugawa, la philosophie japonaise n'a été que la doctrine de Confucius et de Mencius telle qu'elle découle des classiques chinois dont la lettre était sacrée et qu'il n'était pas permis de contredire quoique cependant on eût plus de latitude dans l'interprétation pour en modifier le sens. Nous remarquerons ensuite que le confucianisme japonais du xviie siècle est celui du philosophe chinois Chu-Hi, en japonais Shushi (1130-1200), qui, avec quelques autres philosophes de ses compatriotes non moins réputés, avait donné à cette doctrine sa forme définitive en l'établissant sur une forte métaphysique.

Or, dans la philosophie japonaise du xviie siècle, nous distinguons trois principales écoles : l'une qui suit les doctrines de Chu-Hi, philosophe chinois, en japonais Shushi (1130-1200), c'est l'école *orthodoxe* ; l'autre qui abandonne Chu-Hi pour se rattacher à Wang-Yang-Ning, en japonais Oyomei (1472-1528), autre philosophe chinois qui s'est dégagé de toute sujétion, cherche la vérité dans son cœur, et, précurseur de Jean-Jacques, préconise un retour à la nature; enfin la troisième école qui proteste également contre le système de Chu-Hi, mais pour revenir aux enseignements exclusifs de Confucius tels qu'ils dérivent des textes originaux : c'est l'école *ancienne* appelée encore *classique* et *hétérodoxe*.

A quel groupe appartient Soko? C'est à ce dernier, dont il est même regardé comme le fondateur avec le philosophe japonais Ito-Jinsaï son émule (1627-1705). Dans son livre *Seikio Yoroku* Yamaga attaque Chu-Hi, l'accable de ses sarcasmes, prétend qu'il n'enseigne pas la véritable doctrine de Confucius, si bien que le gouvernement des Tokugawa, qui faisait enseigner officiellement Chu-Hi, le condamna au bannissement (1666) dans la province d'Arima, État du seigneur Asano, qui le reçut avec honneur et qui lui permit de répandre librement ses idées. C'est durant son exil qu'il eut, en particulier, comme disciples, les 47 rônins auxquels j'ai fait allusion précédemment, et leur chef Oishi, qui, après avoir vengé leur maître, petit-fils du seigneur Asano, firent ensemble stoïquement le hara-kiri, suicide collectif sauvage, qui n'était que la conséquence de la morale enseignée par Soko.

En métaphysique, notre philosophe enseigne que le monde n'est que la forme sensible des deux principes éternels Yin et Yo, qu'il est incréé et n'aura pas de fin, que, s'il est arrivé au point où nous le voyons, c'est par nécessité. Il ne voit dans l'univers qu'une suite d'engendrements sans limite, une évolution continue, et n'admet pas de fin réelle. Ce que nous appelons fin d'une chose n'est que le commencement d'une autre ;

il n'y a donc, en réalité, et en dépit des apparences, qu'un perpétuel devenir.

Dans sa morale théorique, il prétend que la loi naturelle, principe du bien, est innée dans le cœur humain, mais que l'homme n'en a pas conscience. Celui qui la connaît et la met en pratique est un sage, et lui seul est capable d'en faire apparaître la connaissance chez ses disciples.

Pratiquement, il n'y a qu'un critérium de la vraie noblesse : c'est le but de la vie. Celui-là est noble dont le but est la justice, celui-là ne l'est pas qui se propose comme fin l'intérêt personnel.

Ce que l'homme craint le plus, c'est la mort, les calamités et la pauvreté; ce qu'il convoite ardemment, c'est la vie, le bonheur et les richesses. Comme les premiers sont inévitables, le principal but de l'éducation sera de préparer l'homme à affronter froidement la mort et à se mesurer courageusement avec l'adversité et la misère. Aussi bien par la pratique de ses devoirs, dont les principaux sont la fidélité, la piété filiale et l'obéissance, l'esprit de l'homme doit atteindre à une parfaite tranquillité lui permettant de planer au-dessus des épreuves et des afflictions. C'est, en somme, le brutal enseignement du Bushido, que reflètent généralement ses volumineux écrits, et l'on sait que le Bushido, qui est comme la quintessence du shintoïsme, du bouddhisme et du confucianisme, a été la morale des Samuraï et leur code d'honneur.

Un des mérites les plus saillants de son œuvre est d'avoir réagi contre l'habitude séculaire de copier servilement la Chine, donné une impulsion puissante à l'indépendance nationale et obligé ainsi son pays à prendre conscience de sa valeur propre et de son génie.

Si l'on juge de l'arbre par ses fruits, nous devons cependant affirmer que cette philosophie de Soko, malgré ses qualités indéniables, n'est pas, tant à cause de ses erreurs en métaphysique que de ses lacunes et de ses exagérations en morale, une doctrine qui puisse répondre adéquatement aux besoins de la société japonaise contemporaine. Ils commettent une grave erreur, les intellectuels japonais de notre époque qui font de la réclame pour cette célébrité. Ce qu'il faut au Japon actuel, c'est la philosophie et la morale chrétiennes qui, en particulier, si elles savent, quand il le faut, commander le mépris de la mort, obligent à ne pas sacrifier sa vie pour des futilités de point d'honneur et avec des rites aussi monstrueux que ceux qui accompagnent le suicide hara-kiri. Les préjugés, l'ignorance, la bonne foi peuvent faire d'un crime un acte de courage, mais il est du devoir des chefs de nations d'éclairer leurs sujets et de ne pas laisser répandre parmi eux des doctrines qui poussent à des actes qui ne sont que de hideuses cruautés aux yeux de tous les peuples nourris des fortes et saines maximes de l'Évangile et, par le fait, vraiment civilisés.

CHAPITRE XII

Le Japon, les États-Unis et la Chine.
— Le shinstoïsme et la civilisation.

18 Mars 1917.

Malgré l'antagonisme de certains groupements d'opposition plus ou moins germanophiles et insatiables, le gouvernement du mikado continue avec droiture et fermeté sa politique d'union avec les alliés, ne se laissant dévier ni par les cabales ni par les manifestations hostiles, semblable au commandant de navire qui, les deux mains sur la roue du gouvernail, au milieu de l'ouragan, ne voit et ne veut voir que l'aiguille de la boussole qui l'oriente vers le port désiré.

Le but que le Japon s'est proposé dès l'origine du conflit européen en 1914 était la ruine de l'Allemagne félone ; depuis, tous ses efforts n'ont cessé de converger dans ce sens. Son gouvernement a fait ployer tous les obstacles qui se dressaient sur sa route et, tout récemment, par son éminent ministre des Affaires étrangères, M. Motono, dont le ferme discours a été télégraphié à toutes les puissances de l'Entente, il vient de nous assurer que les conflits possibles, soit avec les États-Unis, soit avec la Chine, seront résolus en bonne amitié. Si l'on considère, d'autre part, que la nouvelle attitude menaçante de la Chine à l'égard de l'Allemagne concorde avec celle du Japon et des États-Unis, on ne doit qu'être extrêmement satisfait, puisque cette récente politique ne fait que rendre plus stable la paix en Extrême-Orient. Le Japon, tranquillisé sur ses intérêts, ne pourra qu'accroître l'aide précieuse qu'il fournit à la Russie et à tous les alliés et tendre de plus en plus son attention vers les événements d'Occident. Comment Zimmermann pouvait-il croire que le Japon tremperait dans le complot qu'il fomentait sournoisement au Mexique contre les États-Unis? On prétend qu'il n'y a pas d'absurdité qui n'ait été soutenue par quelque philosophe, mais à la fin des hostilités, on pourra dire qu'il n'y a pas de sottise scélérate qui ne soit sortie de la fantaisie dépravée des chefs du militarisme prussien, dont un des caractères distinctifs dans cette guerre aura été l'inaptitude radicale à comprendre le fond de l'âme d'une nation moderne.

*
* *

Je crois avoir montré assez clairement, dans le cours de mes articles, que le shintoïsme, le vieux polythéisme japonais, qui, en particulier, adore la déesse du Soleil, ancêtre du mikado, et divinise l'empereur, est plus que jamais, au Japon, la religion officielle, inspiratrice de toute la vie nationale. On se souvient sans doute qu'à l'occasion du couronnement de l'empereur Yoshi-hito, j'ai donné, avec le plus de détails possible, les différents rites tous purement shintoïstes qui y furent observés, à l'exclusion de cérémonie de toute autre confession. Il n'est pas douteux que la direction des cultes, depuis la restauration de 1868, a travaillé progressivement à donner à ce système de paganisme le caractère de religion d'État. Le bouddhisme qui, sous la monarchie absolue des Tokugawa, avait été prédominant, dut céder le pas au shintoïsme qui, à l'aide des philosophes du xviiie siècle, l'avait renversé en même temps que la dynastie des Shoguns.

Actuellement il paraît bien que le shintoïsme ait atteint l'apogée de sa puissance dans l'empire. Ce qui en fait la force, c'est son dogme central qui proclame la divinité du mikado, et son culte, qui est celui de l'empereur et de la patrie.

D'après une statistique récente, il y a au Japon 56.690 temples et 136.139 chapelles shintoïstes que desservent 83.371 shinshoku (prêtres du shinto). 171 de ces temples sont déclarés nationaux et leurs desservants agréés et rétribués par le gouvernement. Aussi bien, comme dans la Rome ancienne, toute une catégorie de fonctionnaires sont prêtres de droit et l'on voit, à certaines solennités, des dignitaires, de hauts personnages, des maîtres de l'enseignement, revêtus des ornements sacerdotaux, officier dans les temples, à la place des titulaires, coutume qui témoigne que, dans la pensée japonaise, les fonctions de l'État sont identiques aux fonctions religieuses ou encore que le pouvoir public a son fondement dans la religion du pays, sentiment très bien exprimé d'ailleurs par un dicton familier : « Kokutai wa jinja nari » : « Les institutions nationales ne font qu'un avec les temples et leurs divinités. »

A vrai dire, si l'on veut avoir une notion exacte du

shintoïsme actuel ou néo-shinto, tel que les lois et les décrets l'ont formulé depuis la révolution de 1888, il faut distinguer en lui trois éléments constitutifs : d'abord le vieux shintoïsme purifié et reconstitué par les grands philologues des Tokugawa, ensuite l'élément confucianiste dont le culte et la morale avait imprégné le shintoïsme dès le viiie siècle, enfin l'apport des principes philosophiques des écrivains sinologues ou littérateurs de l'époque shogunale dont les tendances étaient fortement rationalistes.

Ce néo-shinto, dont le rituel est le Norito de 927, tel que l'ont reconstitué Hirata et les philologues du xviiie siècle, est surtout fondé sur un triple culte des ancêtres : ancêtres familiaux, ancêtres de clans et ancêtres impériaux qui sont comme les aïeux du peuple tout entier. Nous avons déjà dit que c'est ce dernier culte surtout qui fait la force du shintoïsme, parce que Amaterasu, la déesse solaire, la divinité la plus auguste, l'ancêtre de la maison impériale, jette sur les mikados l'éclat de la majesté divine, devant laquelle tout doit se prosterner.

*
* *

Nous trouvons étrange, nous, Occidentaux, qu'en plein xxe siècle, dans une nation à l'esprit éveillé, clairvoyant et orné de toutes les connaissances scientifiques contemporaines, on en soit encore, au point de vue religieux, à un culte qui rappelle la mythologie antique des peuples primitifs. Comment expliquer, en effet, cette hurlante contradiction? Ce qui est le plus étrange encore, c'est de voir des intellectuels de marque, des professeurs d'Université, des esprits d'élite fonder en 1916 une revue intitulée le *Grand Peuple* (*Dai-Kokumin*), pour soutenir la divinité du mikado, l'origine céleste de l'archipel japonais, et pour proclamer la religion shintoïste bien supérieure au christianisme, qu'il faut abolir et empêcher par tous les moyens de se répandre. L'un de ces illuminés n'a pas craint de comparer le mikado au Christ et à Çakya-Muni, se servant des théories panthéistiques allemandes pour insinuer que si le Christ et Bouddha sont des manifestations de la divinité, il en est de même du mikado, qui est le dieu vivant, tandis que les deux autres sont morts et n'appartiennent qu'au passé. Il le considère comme le dieu réalisé que la terre entière doit un jour reconnaître.

Que l'on songe aux conséquences pratiques de telles théories religieuses quand elles deviennent principes directifs d'un gouvernement, particulièrement en ce qui concerne l'instruction publique dans un pays où le monopole de l'enseignement, surtout de l'enseignement primaire, sévit plus que partout ailleurs. L'école publique deviendra une école confessionnelle shintoïste à tout crin.

J'ai là entre les mains quelques volumes de lectures des classes primaires, édités au Japon en caractères chinois et en kana. Or, il n'est pas exagéré de dire que, ici ou là, par petites tranches habilement distribuées, toute la mythologie shintoïste y passe avec force illustrations attrayantes qui fixeront à jamais ces sornettes dans la cire molle des mémoires enfantines. Voici une histoire du Japon en idéogrammes aussi, toute récente, écrite par un *Bungaku Hakase* (docteur ès lettres), où tous les premiers chapitres sur les origines du Japon ne sont que l'histoire des divinités ancestrales, à commencer par les épisodes d'Izanagi et d'Izanami, de Susan-no-wo, de la caverne de la déesse du Soleil, pour continuer par la tradition des trois trésors divins : le miroir, le collier et le sabre, que fait la déesse à l'un de ses descendants, quand elle lui confie la souveraineté sur les îles, etc., soulignant admirablement la lignée divine des mikados.

Il faut donc conclure que, en dépit des progrès modernes accomplis par ce peuple depuis la restauration impériale, l'âme nippone se trouve, au point de vue religieux, au moins aussi arriérée qu'elle l'était à l'époque féodale, si même elle n'a pas subi un recul.

*
* *

Toutefois, une nouvelle école, dont les membres ne forment encore sans doute qu'une faible minorité relativement à la masse qui professe l'opinion archaïque dominante et toute-puissante, est en train de se faire jour et de projeter quelque lumière au sein de ces épaisses ténèbres. Ce bataillon d'avant-garde a pour but de dévoiler la fausseté de l'origine divine du Japon et de ses empereurs, en prouvant qu'une telle conception est incompatible avec le progrès moderne des connaissances humaines, et que le Japon, comme tous les autres peuples, n'est que le produit d'un développement humain, selon les lois naturelles. Nous sommes portés à sourire en constatant un tel conflit d'opinions, et la nécessité de faire une campagne en règle pour démontrer à une nation que ses prétendues origines divines ne sont que des contes à dormir debout. Mais dans le paganisme, la masse est tellement dépourvue de sens critique et accablée de préjugés, que seuls des efforts inouïs et soutenus pendant de longues années peuvent parvenir à y déraciner quelques erreurs et à y faire pénétrer quelque lueur de vérité. Ces nouveaux pionniers ne doutent pas qu'avec le temps la réalité remportera la victoire sur le mythe, et promettent alors à leur patrie de nouveaux progrès, devant lesquels pâliront les transformations réalisées durant l'ère de Meiji, quelque grandes qu'elles aient été. « Actuellement, dit un publiciste de cette nouvelle école, c'est le vieux parti orthodoxe shintoïste qui détient les rênes du pouvoir et, par le poids de son autorité, supprime à peu près toute liberté de penser. Aussi, les savants japonais sont-ils tenus à une grande réserve en discutant les origines de la nation, parce qu'aucun peuple n'aime à voir ses illusions battues en brèche. Toutefois, il faut noter le fait que les historiens de la vieille école ont laissé passer, sans les harceler de trop de critiques, quelques publications de savants nippons, prétendant que les Japonais pourraient bien descendre des anciens Grecs ou Persans. »

Mais voici qui est encore plus explicite. Le *Tayo*, revue des plus répandues au Japon, a osé tout récemment faire paraître un article du professeur Niho, de l'Université impériale de Tokio, soutenant que le Japon ne peut pas, en tant que nation qui se pique de science, prétendre que les origines de son histoire nationale soient mélangées de mythes et de fables, parce que le maintien de ces traditions erronées sur l'origine divine de l'empire ne fait qu'exciter un rire général chez les nations civilisées. Il avertit ses concitoyens qu'une morale nationale, fondée sur les fantaisies de primitifs, serait bientôt une source de ruines. Il ajoute que la prétention actuelle qu'a le Japon d'être le peuple le plus ancien de la terre est purement irrationnelle, puisque la Chine, l'Inde et l'Égypte, existaient depuis des siècles avant l'avènement de Jimmu Tenno. Il termine en disant que, si le Japon veut conserver le respect des nations civilisées, il doit s'en tenir, quant aux origines de son histoire, aux conclusions de la critique et soutenir les recherches de ses savants.

*
* *

Voici donc le shintoïsme tout-puissant sapé par la base. Ce n'est pas à dire qu'il va crouler brusquement. Avec quelle énergie ne va-t-elle pas essayer de le consolider, la multitude innombrable qui en vit! Mais c'est en vain, il finira par s'effondrer, lui et sa morale, et alors il faudra les remplacer. Un peuple ne peut vivre sans religion. Comme morale, le Bushido est caduc de par sa férocité et ses lacunes. Vers quel nouvel idéal va s'orienter la classe dirigeante japonaise ? Sera-ce le bouddhisme pur ou l'islamisme ? Ces deux religions sont incompatibles avec le véritable progrès. Il ne lui reste donc que le christianisme, qui seul peut enseigner la vraie civilisation dont il est le sublime et unique artisan et doter l'humanité de cette paire d'ailes qui lui permet, après s'être élevée au-dessus de l'animalité, de prendre son essor vers tous les hauts sommets.

CHAPITRE XIII

A la Sorbonne. — Joffre décoré par le Mikado. — Les causes de l'intervention du Japon aux côtés des Alliés. — La débâcle allemande en Extrême-Orient. — Les nouvelles élections.

5 Juin 1917.

Le 22 mars a été donnée, dans le grand amphithéâtre de la Sorbonne, une conférence sur l'effort japonais, par M. Paul Labbé, sous la présidence de M. Stéphen Pichon. Le vaste hémicycle avait revêtu son aspect des grandes solennités. Une foule compacte d'amis du Japon remplissait les gradins et les tribunes. De nombreuses notoriétés françaises et étrangères se pressaient sur l'estrade du président, qui était assisté, à droite, par M. Matsui, ambassadeur du Japon, et, à gauche, par M. Sharp, ambassadeur des États-Unis.

Après une vivante allocution du président, M. Labbé nous tint pendant plus d'une heure sous le charme de son discours très documenté et parsemé d'anecdotes piquantes et suggestives, dans lesquelles il avait été lui-même acteur au cours de ses voyages. Il fit, en terminant, un portrait du Japonais, plein de délicatesse et de ressemblance. Ce sujet l'amena à traiter de la morale de Bushido, dont, à dessein, sans doute, il a voilé les difformités et les lacunes, pour ne nous en manifester que les côtés aimables et captivants.

M. Matsui prit ensuite la parole pour remercier, et quand, dans un français très pur et prononcé avec correction, il s'écria, à propos des conventions conclues par son pays avec les puissances de l'Entente : « Nous, Japonais, nous ne sommes pas de ceux qui ne tiennent pas leur parole; nous observons nos engagements, et les traités ne sont pas pour nous des « chiffons de papier », un tonnerre d'applaudissements accueillit cette déclaration agréable à entendre de lèvres aussi autorisées. Ce fut aussi avec enthousiasme que fut fêté M. Sharp, quand le président le remercia de sa présence très significative à cette manifestation franco-japonaise; lorsque l'ambassadeur des États-Unis se leva pour exprimer sa gratitude, il fut l'objet d'une véritable ovation.

La séance eut aussi une partie artistique et littéraire très appréciée. Mme de France, du théâtre Sarah-Bernhardt, interpréta avec art quelques passages du *Makura no Sôshi* (Recueil de pensées), de Sei Shonagon, dame d'honneur à la cour mikadonale vers la fin du Xe siècle. On a dit qu'il y avait dans cet ouvrage du La Rochefoucauld et du La Bruyère; l'éloge est peut-être excessif, mais ce livre d'esquisses et d'impressions n'en a pas moins une réelle valeur littéraire, que semblent n'avoir pas surpassée les œuvres des impressionnistes des siècles suivants.

QUELQUES CHOSES DÉTESTABLES
(d'après Sei Shonagon)

— *Un visiteur qui parle sans arrêt lorsque vous êtes pressé.*
— *Un bébé qui crie juste au moment où vous prêtez l'oreille à quelque chose.*
— *Un nouveau venu, se mettant au-dessus des anciens, parle en pédagogue, comme s'il avait l'omniscience et d'un ton protecteur : très détestable.*
— *Envier tous ceux qui entourent, gémir sur sa condition, critiquer tout le monde : toutes choses parfaitement détestables.*

M. Silvain, doyen de la Comédie-Française, lut à son tour quelques poèmes japonais. Il nous donna en particulier plusieurs « poésies courtes » de l'empereur Mutsu-Hito, dont les œuvres lyriques sont volumineuses et qui, on le sait, est estimé au Japon comme un éminent poète. Écrire des vers était la principale distraction de ce grand souverain.

M. Silvain interpréta ces « Tanka » (poésies de 31 syllabes) avec son merveilleux talent. Je citerai deux de ces pièces qui sont l'éloge de la persévérance opiniâtre dans le travail :

> Quand on voit la pierre elle-même
>   Se creuser
> Sous les gouttes de pluie,
> Devrait-on renoncer
> Aux entreprises les plus difficiles !

Et, dans le même sens, avec cette nuance cependant que la souplesse atteint au même but que la violence :

> Quoiqu'elle prenne la forme
>   Du vase,

> Elle a la puissance,
> L'eau, de creuser
> Les rochers eux-mêmes.

La dernière poésie, que je n'ai pas pu retrouver, parlait de la vanité et du néant des choses humaines, sujet familier à la Littérature bouddhiste. Le grand acteur, de la voix et du geste, en exprima si vivement le sens qu'un léger frisson parcourut l'assemblée...

Cette manifestation franco-japonaise, où l'âme des deux nations fraternisa, aura, sans doute, un profond retentissement au pays du Soleil Levant et resserrera encore les liens qui l'unissent aux nations alliées pour la plus noble et la plus sainte des causes : la libération de la planète du militarisme et de la culture germaniques.

On sait, d'ailleurs, que le Japon laisse rarement échapper l'occasion de manifester son amitié aux puissances de l'Entente. Est-ce que, dans les derniers jours du mois passé, le gouvernement de Tokio n'a pas chargé le baron Matsui, ambassadeur à Paris, de remettre au maréchal Joffre le grand cordon du Soleil-Levant et du Paulowna, haute distinction qui n'est que rarement accordée aux grands hommes d'État japonais?

Aussi bien, cette union étroite avec les alliés ne s'est pas nouée sans motifs sérieux. Ces causes (il est intéressant de les entendre énumérer par les Nippons eux-mêmes), ces causes, dis-je, nous ont été exposées récemment par M. Tokiwa-Yokoï, un écrivain japonais bien connu. Il les a confiées à la revue anglaise *New Europe*, et voici comment on peut les résumer :

« 1° Le Japon voulait détruire Tsing-Tao et les établissements allemands dans le Chantoung, car, s'ils étaient restés intacts, le militarisme allemand aurait trouvé un immense champ à ses intrigues dans la Chine et dans l'Inde ;

« 2° Le Japon est intéressé à la suppression de la domination germanique à Constantinople, comme à la destruction de la prépondérance allemande en Chine ;

« 3° Le Japon est intéressé matériellement et moralement au règlement définitif des grands problèmes européens, comme les questions de Pologne et d'Alsace-Lorraine ;

« 4° Tous les éléments libéraux du Japon ont compris que la victoire du militarisme prussien encouragerait les tendances militaristes et réactionnaires au Japon, et aboutirait probablement à une entente du Japon avec les puissances centrales pour une politique de conquêtes.

« On sent au Japon que si l'Angleterre et la France ne parvenaient pas à détruire le militarisme allemand, c'en serait fait de leur prestige comme champions du libéralisme dans le monde. » (*Radio*.)

Ce sont bien là des motifs graves et déterminants, et la confiance qu'a le Japon de réaliser les buts qu'il postule a dû singulièrement être fortifiée par l'entrée en scène des États-Unis à nos côtés. Il est clair que, au sujet de la destruction de toute influence germanique en Extrême-Orient, les espérances japonaises sont, par le fait, virtuellement réalisées. Il ressort de ce grave événement une attitude nouvelle entre ces deux grandes nations dont l'action, désormais harmonieusement coordonnée, va achever de ruiner à jamais toute espérance teutonne. Un télégramme de Tokio n'a-t-il pas annoncé récemment que « le gouvernement japonais approuvait une coopération financière des États-Unis dans cette mise en valeur de l'immense réserve chinoise que les Nippons entendent diriger et contrôler » ? Coopération d'une portée immense, et ce n'est pas sans une grande satisfaction que la France, l'Angleterre et la Russie constatent ce rapprochement qui est comme le prélude de la débâcle définitive de l'Allemagne en Extrême-Asie.

*
* *

Le fait saillant de la politique japonaise durant ces dernières semaines sont les élections générales qui ont eu lieu le 20 avril. Voici en quels termes une dépêche d'Osaka nous en annonçait l'issue : « Le résultat des élections générales a été un succès pour le gouvernement actuel qui disposera devant la Chambre nouvelle de 199 mandats. L'opposition a réuni 158 mandats. Les résultats du scrutin dans 24 circonscriptions restent encore inconnus. »

On sait que la Chambre nipponne avait été dissoute à la fin de janvier par l'empereur. Les raisons de cet acte d'autorité, nous les connaissons quelque peu : à l'avènement du maréchal Térauchi à la tête du Cabinet, en remplacement d'Okuma l'an passé, une hostilité manifeste éclata à l'égard du nouveau premier ministre à qui l'on reprochait de n'avoir d'autre titre au pouvoir que celui d'être nommé par le Mikado. La majorité, pour montrer qu'elle considérait ce motif comme insuffisant, vota un ordre du jour par lequel elle refusait son concours au nouveau ministère.

Des trois principaux groupes de la Chambre : le parti constitutionnel (Kenessi Kaï) qui a absorbé l'ancien groupe Dochi Kaï ainsi que certains éléments libéraux ; le parti populaire (Kokuminto) dirigé par M. Inukaï ; le Seiyu Kaï, ce dernier seul vota contre l'ordre du jour de méfiance parce qu'il considérait ce ministère comme légalement constitué. La Chambre fut donc scindée en deux fractions inégales : le groupe minoritaire qui soutenait le gouvernement et prétendait maintenir les droits de l'empereur, et le groupe plus nombreux qui voulait donner au Parlement une suprématie absolue.

Or, d'après le résultat des dernières élections, nous constatons un revirement sensible dans l'opinion de la nouvelle Chambre. Le maréchal Térauchi a remporté un succès non très brillant sans doute, puisqu'il n'est constitué que par une quarantaine de voix de majorité, mais toutefois assez sérieux, semble-t-il, pour lui permettre de subsister avec aisance et de continuer sa collaboration intelligente et ferme à l'œuvre commune des alliés en faisant front aux groupes germanophiles qui fomentent des cabales dans l'empire et qui, par leur aveuglement, compromettraient peut-être l'avenir du Japon, s'ils n'étaient maîtrisés et mis dans l'impuissance de nuire.

CHAPITRE XIV

La ville de Sendaï, ses souvenirs, ses environs. — L'archipel de Matsushima et le Kinkwasan

19 Août 1917.

Un des derniers numéros d'une revue japonaise nous apporte, sous la signature de M. T. Horiye, un article assez intéressant sur Sendaï, article qui a d'autant piqué ma curiosité que j'ai moi-même habité cette ville pendant près de trois années.

Sendaï est actuellement la cité la plus importante du Japon septentrional, un véritable centre politique, universitaire et militaire. Siège de préfecture, d'administration et de communication de la province du Miyagi, elle est aussi le quartier général d'une division de la 2ᵉ armée. Elle compte, d'après les derniers recensements, près de 100.000 habitants.

Toutefois, ce qui constitue en grande partie l'attrait de cette ville c'est son site, ses souvenirs et le charme de ses environs.

Assise sur les bords du Shirosegawa, rivière torrentueuse qui court çà et là dans des gorges abruptes au travers d'énormes roches effondrées ou au pied de collines taillées en falaises, Sendaï étale mollement ses multitudes de légères maisons basses de bois aux châssis en papier, enveloppées de la verdure des minuscules jardins japonais. L'uniformité des habitations indigènes est rompue de temps à autre par l'aspect de quelques larges places ornées d'énormes cerisiers pleureurs dont, au printemps, les masses ruisselantes de fleurs d'un blanc rosé offrent comme un enivrement pour les yeux. On dirait un nuage teinté des reflets de l'aurore qui serait accroché à leurs branchages. Au premier souffle du vent, un tapis de pétales couvre le sol, comme s'il était tombé une avalanche de neige rose. Plusieurs parcs, d'ailleurs, attirent l'attention et, en particulier, le parc de Tsutsuji-ga-oka qui s'élève sur la colline orientale à l'emplacement où campèrent, vers la fin du XIIe siècle, les 280.000 guerriers de Minamoto Yoritomo quand, de Kamakura, il les lança vers le Nord contre les troupes de Fujiwara Yasuhira. Un autre parc, celui de Tsuru-ga-oka, se trouve au contraire dans la partie occidentale de Sendaï. Ses grands pins tourmentés et ses jardins savamment ordonnés selon le goût japonais en font une impressionnante promenade artistique. Il domine la plaine, et de ses ombrages on jouit d'une vue d'ensemble sur toute la cité.

Après avoir traversé le pont de la rivière du Shirose, à l'ouest de la ville, on suit une route qui gravit des pentes boisées et conduit au plateau où se dressait, sous la féodalité, le fameux château fort d'Aoba construit par le daimyo Date Masumune, le fondateur de Sendaï. Figure puissante, énigmatique, il fait partie de la galerie de ces personnages historiques qui, au début du xviie siècle, gravitaient autour des hautaines silhouettes des shoguns Iyeyasu, le Richelieu du Japon, et Iyemitsu, qu'on a comparé à Louis XIV. Esprit curieux, avide de savoir, il avait d'abord accueilli avec empressement les Dominicains espagnols quand ils abordèrent ses domaines. C'est lui, d'ailleurs, qui envoya en Espagne et à Rome la fameuse ambassade conduite par Hasekura Rokuyemon, dont nous avons parlé dans un article précédent. Son esprit était-il réellement épris des beautés de l'Évangile, ou ses démonstrations favorables n'étaient-elles que calculs de sa part pour mieux enquêter sur l'Occident ? toujours est-il que, lorsque le sinistre shogun Iyemitsu eut ordonné l'extinction radicale du christianisme, Masamune obéit sans hésiter à l'ordre draconien du farouche monarque et eut le triste courage d'ordonner que le P. Sotello et ses compagnons fussent jetés en plein hiver dans les eaux glacées du Shirosegawa avec des raffinements odieux de barbarie.

Le château de Masamune a été rasé pendant la Révolution de 1868 en châtiment de l'opposition opiniâtre qu'avait faite le clan de Sendaï au retour de l'empereur. Seul, le portique principal a été épargné. Il se tient là debout comme un mélancolique vestige d'une féodalité à jamais disparue sous le souffle de la civilisation venue d'Occident.

Le Zuihosan ou mausolée ancestral de la famille Date se trouve au sommet de la colline de Kyogamine, au milieu des grands pins légendaires et des fameux cèdres japonais. On y voit une statue du daymio de Sendaï en costume de cour. Sa physionomie est saisissante. Il paraît qu'avant la révolution ces monuments funéraires, avec leurs larges avenues bordées de cryptomerias géants, leurs portiques et sanctuaires rivalisaient de splendeur avec ceux de Nikko. Par représailles toujours, le régime nouveau se désintéressa de ces parcs et de ces temples dont la déchéance fut rapide. La fidélité des Date au régime féodal fut encore l'artisan de cette ruine.

Il faudrait aussi, pour peindre tout l'intérêt de Sendaï, parler de la plaine du Myagi qui s'étend à l'ouest de la ville et dont les fleurs sauvages et les insectes musiciens ont été chantés dans mille poésies des vieux recueils classiques. Dans un lucus voisin s'élève le temple de Kinoshita, reconstruit par la famille Date, qui en fit, par le style et la magnificence, un des monuments les plus représentatifs de l'architecture de l'âge de Momoyama. Nous devrions également nous arrêter au magnifique parc du quartier de Yawata, enseveli sous les arbres séculaires, et admirer le temple de Ōzaki Hachiman qu'il abrite et dont les sculptures sont du fameux Hidari Jingoro ou Jingoro le gaucher, considéré au Japon comme le plus délicat et le plus célèbre sculpteur sur bois. Ses œuvres les plus connues sont le chat endormi et deux éléphants — ces derniers sculptés d'après un dessin de Tanyu, — qui se voient dans la chapelle funéraire de Iyeyasu, à Nikko, et surtout la fameuse muraille qui se dresse dans une cour de la même nécropole et sur laquelle sont ciselés en haut relief, avec une envolée de talent vertigineuse, toute une gent de merveilleux oiseaux entourés de « toutes les bêtes de la terre et de l'eau, de toutes les fleurs connues et de toutes les feuilles ». Jingoro avait débuté comme simple charpentier. Lorsqu'il fut parvenu à la gloire, la légende s'empara de son nom. Un cheval qu'il avait façonné était si plein de vie que, la nuit, il allait galoper dans les campagnes...

Il y aurait beaucoup à dire sur les environs de Sendaï, que quelques kilomètres seulement séparent du Pacifique. La côte offre, tout près, un peu plus au Nord, le paysage féerique de Matsushima et du Kinwasan, avec leurs 808 îlots fantastiques se déroulant le long d'une rive enchanteresse, un des trois sites maritimes les plus renommés du Japon.

J'ai eu plusieurs fois l'occasion de faire l'excursion et de voguer à travers cet archipel en miniature ; il semble bien que le spectacle n'est jamais aussi saisissant que le soir au coucher du soleil lorsque cette multitude de petits îlots rocheux, bizarrement ciselés par le flot, recouverts de pins parasols aux poses étranges, se confondent dans les radieuses teintes embrasées du crépuscule, avec les barques des pêcheurs aux grandes voiles gonflées qui gagnent le large, et, peu à peu, à mesure que le jour tombe, semblent s'enfuir avec elles vers la haute mer qu'envahissent déjà au loin les violets métalliques, avant-coureurs de la nuit.

CHAPITRE XV

Les États-Unis et le Japon au secours de la Russie. — Le Japon veut la victoire intégrale. — Vers une alliance avec les État-Unis. — Inauguration de la Société américo-japonaise de Tokio. — Le baron Ishi à Washington.

20 Septembre 1917.

La révolution russe prend une tournure inquiétante. Les Allemands sont entrés à Riga, menaçant Pétrograd, grâce à la honteuse défection de plusieurs régiments russes. La guerre civile a failli s'allumer. A tout prix, pour elle et pour les alliés, la Russie doit se ressaisir. S'il lui faut du secours, les États-Unis, qui sont entrés dans la lutte pour terrasser l'autocratisme militaire allemand et se sont engagés par la parole de Wilson à ne pas traiter avec la dynastie des Hohenzollern, sont là tout prêts à la soutenir, mais elle peut surtout compter sur le Japon dont on connaît la volonté inflexible qu'il saura réaliser, s'il le faut, par la puissance de son glaive, car il y va de son avenir et de sa vie même. Sous aucun prétexte le Japon ne peut admettre que la Russie se courbe sous le joug germanique, parce qu'il en résulterait une menace constante pour ses intérêts vitaux sur le continent et même pour l'archipel. C'est ce que M. Iyenaga, chef de la propagande japonaise aux États-Unis, déclarait il y a quelque temps : « *Si la Russie s'exposait à tomber sous l'influence allemande, non seulement le Japon se sentirait menacé, mais aussi la Chine, et si une telle éventualité venait à se réaliser, le Japon, pour la combattre, mettrait en œuvre toute son énergie et toutes ses ressources.* »

Aussi bien le gouvernement de Tokio n'acceptera jamais cette paix du *statu quo* d'avant la guerre que semblent préconiser les extrémistes russes. Qu'est-ce qu'une paix semblable, disent les Japonais, si ce n'est le retour de Tsing-Tao à l'Allemagne, ainsi que de toutes les colonies allemandes capturées et particulièrement celles des mers de l'Océanie? Ce serait la reconstitution de la puissance si redoutée et abhorrée de l'Allemagne en Chine et dans tout l'Extrême-Orient. Ce serait le rival insolent réintégré dans sa place forte d'où il pourra reprendre et continuer ses menées brutales et malhonnêtes pour asservir l'Asie et réaliser son ambition d'hégémonie en Extrême-Orient comme en Europe. Cette paix, disent-ils, équivaudrait à un suicide et, pour l'empêcher, ils n'hésiteraient pas à réveiller le fier patriotisme des Samuraï farouches et à lever jusqu'à la dernière de leurs légions encore invaincues pour échapper à la ruine dont ils se sentiraient menacés et assurer dans l'avenir le développement et la grandeur de leur nation. Il leur faut, comme à toutes les puissances de l'Entente d'ailleurs, la victoire absolue, la victoire complète, si elles ne veulent pas tomber en esclavage et perdre à tout jamais leur honneur et leur liberté.

L'heure du Japon n'est-elle pas venue d'aider la Russie désemparée et de l'empêcher de devenir la proie de l'Allemagne ? La tâche pressante du moment est de soutenir l'œuvre de Pierre le Grand qui chancelle. Ce grand travail ne s'accomplira pas par des discours seulement. Depuis l'abdication de Nicolas II nous n'avons entendu que des paroles sonores au sein d'excès anarchiques, et tandis que l'armée impériale a glorieusement défendu la patrie russe, l'armée de la Russie révolutionnaire a trouvé le moyen de perdre en quelque mois tous les gains obtenus depuis 1914 et, en fléchissant à Riga, de compromettre la capitale.

L'appui du Japon ne peut avoir d'autre fin que celle qu'exprima Korniloff au Congrès de Moscou : conjurer le mortel péril, le plus grand que la Russie ait jamais connu, et coopérer à la victoire commune des alliés. Prétendre qu'il y aurait dans cet appui une arrière-pensée de contre-révolution, c'est là une nouvelle ineptie germanique. L'aide des Japonais se montrera en tout aussi loyale que celle que les Anglais et les Américains nous apportent en France. Sa raison d'être sera uniquement d'atteindre le but commun : la destruction du militarisme prussien, la chute des Hohenzollern et l'avènement de la grande paix si désirée, établie sur les principes du droit et de la justice.

*
**

La victoire intégrale dont nous venons de parler est, à n'en pas douter, le mobile puissant qui, dès le début de la guerre, dirige la diplomatie japonaise et l'a fait évoluer, malgré des difficultés ardues, vers un rapprochement ou plutôt vers une entente avec les États-Unis qui pourrait peut-être d'ici peu se transformer en une véritable alliance.

Pour apprécier la grandeur de l'effort accompli aujourd'hui par ces deux nations, considérons rapidement le chemin parcouru pendant ces vingt dernières années.

Depuis la guerre hispano-américaine (1898) où les État-Unis se sont créé un domaine colonial en face de la Chine, le Japon se sentit menacé dans ses intérêts sur le continent. La tension dans les rapports qui se fit dès lors sentir, exaspérée aussi par le fameux différend de l'immigration nipponne aux États-Unis, faillit amener à plusieurs reprises une rupture et même la guerre. Ce n'est pas sans arrière-pensée ni sans rancœur que le peuple nippon voyait, en 1908, Katsura signer avec les États-Unis cet accord par lequel il s'engageait à respecter l'intégrité de la Chine, ainsi qu'à restreindre le flot de l'immigration en Amérique et à Hawaï.

Nouvel émoi en 1909 quand Washington émet la proposition d'internationaliser les chemins de fer de la Mandchourie et d'ouvrir de nouvelles voies de communication internationales. Devant cette menace directe contre ses intérêts, le Japon se tourna immédiatement vers la Russie et, après un refus pur et simple donné aux invites de Washington, signa avec elle, le 4 juillet de la même année, un nouvel accord dans lequel chacune des parties contractantes s'engage à maintenir le *statu quo* en Mandchourie tel qu'il résulte des « traités, conventions et autres arrangements conclus jusqu'à ce jour ». Qui ne pensait d'ailleurs que la politique nippone ne visait à rien moins, avec tous ses puissants ressorts, qu'à régner sur la Chine, comme l'Angleterre sur l'Inde, à unifier l'Asie sous son sceptre et à considérer le Pacifique comme un grand lac asiatique ? Il était clair, par contre, que jamais les États-Unis n'abandonneraient l'Océan qui baigne ses rives et n'accepteraient à aucun prix qu'on portât atteinte à l'unité et à l'intégrité de la nouvelle république.

Il semblait donc que l'Allemagne avait raison de croire qu'entre les deux puissances se dressait une opposition d'intérêts invincible. Ses diplomates, aussi bien que sa presse, n'avaient pas assez de paroles pour manifester cette conviction et aussi pour exciter les deux rivaux l'un contre l'autre, surtout depuis le début de la grande guerre. On comprend sans peine quel objectif poursuivait la politique d'outre-Rhin, qui n'était autre que de disloquer le parti de l'Entente. La Russie soutenant le Japon d'une part et, de l'autre, l'Angleterre alliée du Japon, obligée d'opter et ne pouvant s'empêcher de suivre les États-Unis, c'était la fin de la coalition antigermanique. Aussi, quelle corde n'a pas fait vibrer la presse teutonne pour précipiter cette rupture qu'elle estimait inéluctable ! Ne tressaillait-elle pas d'aise durant les violents pourparlers entre Tokio et Pékin qui suivirent la prise de Tsing-Tao où les États-Unis défendaient la Chine, ainsi que pendant les aigres conversations entre Tokio et Washington au sujet du dernier bill contre l'immigration japonaise, loi que le Japon considérait comme une insulte faite à ses nationaux ?

Assurément les relations entre les deux peuples étaient sérieusement compromises, et l'Allemagne fut plusieurs fois sur le point de voir ses désirs se réaliser.

Elle était loin de prévoir que la haine universelle dont elle est l'objet ainsi que la crainte du danger qui menaçait les deux antagonistes si les Hohenzollern favorisés par la défaillance de la Russie arrivaient à l'hégémonie en Extrême-Orient après la victoire en Europe, allaient être les facteurs puissants de leur réconciliation.

Ce rapprochement date de l'entrée en guerre des États-Unis à nos côtés. Par le fait, la ruine de l'Allemagne devenant l'objectif commun des efforts des deux rivaux, l'antagonisme devait cesser, l'union devenait nécessaire. On entra en composition sur toutes les questions litigieuses, et cette harmonie nouvelle dans l'action allait d'abord se manifester, comme je l'ai noté en son temps, par une coopération financière en Chine qui bouleversa brusquement toutes les espérances teutonnes dans l'Extrême Levant.

A la séance d'inauguration de la Société américo-japonaise, de Tokio, qui a eu lieu le 11 mai dernier, et dont nous venons seulement de recevoir les tardifs échos, plusieurs voix autorisées nous ont donné le sens de ce rapprochement et expliqué l'importance de cette nouvelle orientation de la politique nipponne. Il n'est pas sans utilité de lire quelques passages des discours qui y ont été prononcés. Le comte Terauchi, chef du Cabinet, disait : « C'est un fait remarquable, dans l'histoire, que le Japon doit la plus profonde gratitude aux États-Unis qui ont imprimé à sa politique nationale une puissante impulsion vers le progrès et l'ont fait entrer dans le concert des nations ; fait que tous nos nationaux reconnaissent aujourd'hui. Si les États-Unis et le Japon diffèrent dans leur constitution politique, ils se ressemblent cependant dans leur respect pour l'humanité, leur amour de la paix et dans leur noble héritage d'esprit chevaleresque. Sans doute, durant les cinquante dernières années, plusieurs conflits se sont élevés entre les deux pays, mais ils se sont toujours terminés à l'amiable par une bonne volonté et des concessions mutuelles. Jamais, dans l'histoire de nos relations, on n'en vint à un point tel qu'on ait pu craindre une rupture. Aujourd'hui, les merveilleux progrès faits dans les organes variés de communication ont tellement rapproché les distances de l'océan Pacifique, que nous sommes devenus comme deux voisins établis sur chaque rive d'un fleuve. Aussi bien, par l'entrée des États-Unis dans la présente guerre, nos liens se sont encore resserrés par la communauté d'intérêts. » L'orateur, on le voit, atténue, par optimisme diplomatique, la gravité de certaines phases des relations passées, il veut considérer surtout l'avenir et les conséquences de ce rapprochement en Asie. « Pendant la guerre actuelle, continue-t-il, l'Angleterre, la France, la Russie et l'Allemagne sont trop occupées pour donner la même attention aux choses d'Extrême-Orient, qu'elles le faisaient auparavant. Il en sera de même après la paix, absorbées qu'elles seront par leur réorganisation intérieure, politique, économique et sociale. Par conséquent, c'est au Japon et aux États-Unis que revient la charge de diriger les intérêts internationaux en Extrême-Orient. » Il termine en exprimant son espérance de voir que les efforts de cette Société, pour maintenir et accroître l'union du Japon avec l'Amérique, seront basés sur un savoir et une intelligence honnêtes et justes, afin que l'amitié des deux peuples se continue après la guerre et que le problème asiatique puisse se résoudre selon les principes de la justice et de l'honneur.

Le vicomte Motono, ministre des Affaires étrangères, considère dans l'union des deux pays les avantages qui doivent en ressortir pour l'humanité tout entière : « Il me semble, dit-il, qu'il y a peu de questions d'un intérêt si vital pour l'avenir du genre humain que celle qui concerne les relations du Japon et des États-Unis. L'ère du Pacifique est à son début et promet de surpasser en étendue, en activité, en influence et en profondeur celle de la Méditerranée aussi bien que celle de l'Atlantique. En définitive, toutes les forces anciennes et nouvelles, orientales et occidentales, s'y rencontreront. S'harmoniseront-elles ou entreront-elles en conflit? Telle est la question qui se pose aujourd'hui à tout esprit sérieux et qui pense. Sans méconnaître les autres grands facteurs, je puis dire que, dans une large mesure, il dépend du Japon et des États-Unis de déterminer la réponse à cette question, et de cette réponse, dont ils auront la responsabilité, dépendront le bonheur et le progrès futurs du globe. Considérés à ce point de vue, les rapports de nos deux pays deviennent une matière de suprême importance, non seulement pour nous, mais pour l'humanité en général. Avec la terrible responsabilité qu'elles ont à l'égard du genre humain, nos deux nations travailleront-elles la main dans la main, ou se tourneront-elle le dos? Je suis persuadé qu'elles trouveront toujours quelques principes essentiels d'humanité pour asseoir des rapports permanents de confiance mutuelle. Ce qui importe surtout, c'est de nous connaître. La connaissance réciproque est le seul fondement d'un accord et d'une paix durable entre les nations. A ce point de vue, je salue très cordialement ce début de la Société américo-japonaise, et j'ai confiance que cette Société formera un nouveau lien puissant à travers le Pacifique et aidera les deux nations à s'avancer à grands pas vers une complète entente et une solide amitié.. »

On sait quelle suite a été donnée à cette manifestation de sympathie et de bon vouloir. Une mission japonaise dirigée par le vicomte Ishii a été envoyée tout récemment en Amérique. Nul doute que son objet soit de la plus grande importance et son rôle principal d'harmoniser l'effort des deux nations vers la victoire. Cela résulte de plusieurs discours de M. Ishii qui nous a d'ailleurs renouvelé l'assurance de la fidélité complète de son pays à la cause de l'Entente. « Le Japon, a-t-il dit, est fier de se ranger aux côtés de ses nobles alliés, et nous affirmons notre dévouement à leur cause et aux principes pour lesquels ils font la guerre.

« Nous sommes fermement déterminés à y collaborer de *toutes nos forces* afin d'assurer au monde les bénéfices de la liberté, de la justice, de la paix perpétuelle. »

La collaboration immédiate de toutes les forces américaines et japonaises dans la lutte, tel doit être le premier résultat de l'entente de ces deux nations. Les forces américaines sont en mouvement. Nous attendons avec impatience l'ébranlement de celles du Japon. Beaucoup de bons esprits s'étonnent de voir que cette dernière intervention n'est encore qu'à l'état de projet. Quel inconnu gît sous cette lenteur? Un grand journal italien, *le Corriere della Sera,* manifeste bruyamment son impatience et appelle l'aide nipponne avec insistance. Le moment est venu d'utiliser non seulement les hautes ressources intellectuelles et morales de cette nation, mais aussi sa formidable puissance militaire qui, à la suite des États-Unis, viendra, sur un point ou sur un autre du grand échiquier, apporter peut-être ce qui manque aux alliés pour réduire promptement à merci l'insolence germanique.

CHAPITRE XVI

Le Japon et la France

16 Novembre 1917.

Les alliés sont loin de posséder au Japon des moyens de propagande aussi puissants que ceux dont dispose encore l'Allemagne, malgré sa qualité de nation ennemie. Il nous faudrait des trompettes d'airain pour répéter à tous les germanophiles de l'empire que la seule, la vraie politique japonaise est de continuer l'œuvre si bien commencée : coopérer de toutes ses forces avec l'Entente et soutenir la Russie défaillante. Que le Japon se persuade bien de cette vérité que si la Russie sort écrasée de cette guerre, l'Allemagne, victorieuse en Russie d'Asie, menacera la Chine de son emprise, et, par conséquent, le Japon subirait alors le sort qu'il redoute le plus, celui de tomber sous le joug d'une puissance occidentale.

Pourquoi faut-il que nous soyons moins soucieux de répandre la vérité que l'Allemagne l'erreur ? Il n'est pas de moyens que cette puissance n'emploie pour tromper les peuples. N'est-elle pas allée jusqu'à prétendre que les alliés ne représentent pas le parti du droit et de la justice, que la violation de la Belgique n'est pas une infamie internationale, que les crimes monstrueux commis par ces barbares en lunettes sont des actes louables ? A nous de multiplier nos efforts pour confondre cette ignoble audace et faire triompher la vérité partout, en Extrême-Orient comme en Occident. A chaque peuple de l'Entente de faire sa propagande personnelle.

Pour nous, il faut l'avouer, nous sommes bien au-dessous de la tâche que nous impose notre rang. Notre influence au Japon, depuis une trentaine d'années, est à peu près nulle. Notre politique d'abdication quasi systématique pendant cette période a fait crouler toute l'œuvre française, si péniblement édifiée pendant la première moitié de l'ère de Meiji.

Qu'est devenu le prestige dont la France a joui au Japon jusqu'en 1895 ? Dès 1866, deux ans avant sa chute, le shogunat s'adressait à la France pour réorganiser son armée. La mission dirigée par le capitaine Chanoine fut la première à initier ce peuple dans l'art de la guerre qui devait si rapidement le couvrir de gloire et le faire entrer dans le concert des nations. En 1872, le gouvernement mikadonal restauré demanda de nouveau à la France et obtint une nouvelle mission militaire sous la conduite du colonel Marguerie, puis sous celle du colonel Munier. Les officiers remarquables qui la composaient ne marchandèrent pas leur dévouement au pays qui leur avait confié une si noble tâche, et il restera toujours vrai que c'est la France qui a créé les premières institutions militaires de cet empire. Elle a enseigné son corps d'officiers, leur a appris ce qu'est une armée occidentale en temps de paix, comment on la mobilise en temps de guerre, et les a initiés aux combinaisons savantes de la tactique et de la stratrégie. Si plus tard les Japonais ont apporté des modifications à l'œuvre accomplie par leurs maîtres français, on doit reconnaître cependant qu'elle subsiste dans son ensemble. Aussi bien l'empreinte laissée par ces premiers instituteurs se retrouve encore chez beaucoup de hauts gradés qui, d'ailleurs, parlent en général aisément notre langue.

L'année même où le bakufu confiait au capitaine Chanoine la charge de réorganiser l'armée (1866), il demandait à un ingénieur de la marine française, M. Léonce Verny, son concours. C'est lui qui fonda le fameux arsenal de Yokosuka sur la baie de Yedo. On sait que M. Bernard Bailly y avait déjà rempli avec succès une mission navale. M. Léonce Verny dirigea l'arsenal pendant dix ans et se choisit pour successeur un compatriote, M. Thibaudier. En 1886, le gouvernement japonais, qui connaissait les projets de navires à flottaison cellulaire de M. Bertin, sollicita son aide, et le futur directeur des constructions maritimes françaises fut pendant quatre années (1886-90) conseiller du ministre de la marine japonaise.

Si le Japon est redevable à la France tant au point de vue maritime que militaire, il l'est encore au point de vue législatif. Par l'œuvre de M. Boissonnade le droit français a laissé une vigoureuse empreinte dans l'esprit des Japonais et leur a communiqué le sens juridique, ainsi que l'amour de la clarté et de la précision dans le langage et surtout le goût de la justice et de l'humanité.

C'est à la fin de la guerre sino-japonaise que notre prestige en ce pays commença à péricliter dès l'entrée en scène de l'Allemagne en Extrême-Orient. Ce début ne fut pas heureux pour les Japonais, puisque cette puissance de proie commença par leur ravir le fruit de leur victoire. Mais malgré le ressentiment qu'ils gardèrent à l'Allemagne pour cet acte de brutalité, ils ne laissèrent pas d'admirer sa puissance et de vouloir s'initier à ses méthodes. Ils envoyèrent dans les Universités allemandes nombre d'étudiants qui revinrent dans leur patrie répandre, avec la philosophie et les sciences allemandes, la mentalité de cette nation, tâche dans laquelle ils furent puissamment aidés par les nombreux Germains installés au Japon auxquels ne manquait aucun moyen de propagande.

Qu'a fait la France, depuis cette époque, pour contre-balancer l'influence teutonne et garder son rang? A peu près rien. Est-il trop tard pour sortir de notre apathie? Qui ne comprend que s'il est un moment favorable pour ressaisir notre ancien prestige dans ce pays, c'est bien celui-ci? Hâtons-nous de multiplier tous les organismes nécessaires à la diffusion de notre pensée et de notre commerce, mais aussi soutenons et encourageons nos vaillantes Missions étrangères, qui, sans soutien matériel du gouvernement, promènent dans ces îles orientales le drapeau et le bon renom de la France. Le gouvernement devra favoriser davantage également ces admirables collèges des Marianites qui sont là-bas les uniques centres de diffusion de la culture française. Le moment est venu de réparer les lourdes négligences passées et de recouvrer notre ancien ascendant moral pour neutraliser le venin de la propagande allemande, qui finirait par obnubiler le clair bon sens de ce grand peuple nippon et l'entraîner à coopérer à la réalisation du rêve germanique de domination universelle.

CHAPITRE XVII

L'alliance anglo-japonaise. — Relations
avec les États-Unis.

20 Novembre 1917.

Il serait puéril de cacher que le Japon, comme d'ailleurs, plus ou moins, toutes les puissances de l'Entente, est travaillé par deux courants d'opinions contraires : l'un national patriotique, l'autre défaitiste et germanophile. Ce dernier, qui a réduit la Russie à l'état lamentable où elle se débat actuellement, qui a causé à l'Italie la perte de Goritz et l'a rejetée au delà du Tagliamento, qui a essayé de démoraliser la France par tous les scandales dont nous sommes témoins, essaye aussi de répandre à travers le Japon ses désordres et ses ruines. Tenace dans ses desseins, l'Allemagne n'a pas désespéré de détacher le Japon de l'Angleterre et des États-Unis. La campagne de presse, d'espionnage est dans ce pays plus intense que jamais, comme il convient à ce moment décisif et critique de la guerre où tous les ressorts doivent être tendus pour obtenir la victoire. Il semblerait même à certains échos qui nous arrivent que le parti pro-allemand prend en ce moment une importance dangereuse pour les intérêts de l'Entente, mais par bonheur, dans le fond, il n'en est rien.

*
* *

Une dépêche d'Amsterdam du 19 octobre fait dire à Guillaume II durant sa visite en Bulgarie que : « L'Angleterre avait irrémédiablement perdu le Japon comme allié ; que ce pays se contentait d'observer froidement le *hara kiri* d'une Europe abusée. » Ce n'est là que l'expression d'une méprise d'un souverain qui prend son désir pour une réalité. L'alliance anglo-japonaise est aussi solide que jamais, et le Japon fera en temps opportun tout le complément d'effort qui lui sera demandé par les alliés.

Le *Taiyo*, la grande revue de Tokio, nous donnait récemment, sous la plume de M. Yoneda, un article suggestif sur l'alliance anglo-japonaise, qui semble bien refléter l'opinion générale de la nation. L'auteur, après avoir rapporté l'entrevue qu'il eut, en novembre 1915, avec M. Winston Churchill, dans laquelle furent rappelés les avantages que cette alliance procura au Japon, particulièrement pendant la guerre avec la Russie, ajoute qu'elle a puissamment contribué au maintien de l'unité de la Chine et de la paix dans les Indes. Sans doute, quelques publicistes japonais ont parlé de la possibilité d'une alliance avec l'Allemagne, mais ce sentiment, aux yeux de l'auteur, n'a pas le sens commun, car comment contracter une alliance avec une puissance qu'on sait être capable de ne pas remplir ses obligations? Que penserait-on du Japon, comme de tout autre peuple, qui préférerait l'Allemagne déloyale à la droite et fidèle Angleterre ? Aussi bien, il n'est pas douteux qu'en toute occurrence, l'Angleterre et l'Amérique seront toujours unies, que la marine de l'une aidera celle de l'autre dès que le besoin s'en fera sentir. Dans ces conditions, n'est-il pas, pour le Japon, d'une prudence élémentaire, puisqu'il ne peut vivre isolé, de rester uni avec ces deux grands peuples ? D'autant, continue-t-il, que le Japon est très dépendant de l'Angleterre et de l'Amérique, au point de vue de quelques-unes de ses matières premières indispensables, le fer en particulier. En cas d'urgence, l'impossibilité de se procurer ce métal ferait courir à l'empire un réel danger.

Ces motifs, qui, selon l'auteur, obligent le Japon à rester fidèle à son alliance, sont graves sans doute, mais ne sont pas les plus importants. La raison la plus forte, semble-t-il, qui doit détourner les défaitistes nippons de cette redoutable aventure n'est-elle pas, en dehors des terribles représailles que leur pays encourrait de la part de l'Angleterre et des puissances alliées pour une si insigne félonie, de le voir tomber immédiatement sous le joug germanique, perdre peut-être son indépendance et descendre immédiatement au rang de la Turquie ?

Sans doute, des difficultés ont surgi et surgiront entre le Japon et l'Angleterre, mais pourquoi ne se régleraient-elles pas à l'amiable, comme cela doit se faire entre alliés ? L'une des plus ardues est, sans contredit, le heurt des intérêts des deux nations en Chine. Pendant ces dix dernières années, le commerce anglais en Chine n'a fait que quadrupler, tandis que le commerce japonais décuplait. Par le fait, les droits bien établis de l'Angleterre en Chine sont, en certaines régions, menacés d'entrer en conflit avec ceux du Japon et dans d'autres s'opposent mutuellement jusqu'à s'obstruer. N'est-il pas du devoir du Japon de faire une sérieuse et impartiale enquête sur les points en litige, car l'Anglais n'a pas l'habitude de réclamer des droits qu'il n'a pas? Quant à ce qui lui appartient, il le conserve avec âpreté. Les droits de l'Angleterre dans la vallée du Yang-Tsé ont commencé en 1837, quand elle obligea la Chine à ouvrir Chang-Haï au commerce et à y accorder une résidence pour les étrangers. A ce moment, l'Angleterre fit avec la Chine un accord très précis au sujet de ses droits dans cette région. N'est-il pas naturel qu'elle veuille conserver ces avantages? Aussi bien, d'après l'auteur de l'article, ce n'est pas tant en cette matière que résiderait le danger pour l'alliance, car le gouvernement japonais accordera toujours à l'Angleterre ce qui lui revient de droit, c'est surtout dans la tendance qu'elle aurait à étendre son influence dans toute la Chine méridionale. Mais cette question sera sans doute sous peu l'objet d'une étude et d'une entente, ainsi que le toujours brûlant sujet de l'attitude des colonies anglaises à l'égard des immigrants nippons.

Ces difficultés relevées par M. Yoneda méritent l'attention des diplomates des deux pays, mais il faut un cerveau teuton pour y voir une cause de rupture entre les deux alliés, et surtout pour croire que la rupture est d'ores et déjà accomplie.

XVII. — L'ALLIANCE ANGLO-JAPONAISE

*
* *

L'Allemagne exagère d'une façon tout aussi ridicule quand elle apprécie les rapports du Japon et des Etats-Unis. On se souvient sans doute, et ce fut un des points que traita le vicomte Ishii à Washington, de la note diplomatique que le gouvernement des Etats-Unis envoya aux autorités chinoises, en dehors du Japon, au sujet des affaires intérieures de la jeune République. On sait que cette démarche souleva une violente indignation dans tout le Japon, parce qu'elle paraissait aller droit à l'encontre du fameux principe de la prédominance des intérêts et de l'influence nipponne en Chine, principe qui mérite une grande attention, puisqu'il dirige toute la politique du Japon sur le continent. Selon le point de vue japonais, ce principe est postulé par cette conviction que le salut et l'indépendance de ce pays sont en raison directe de l'indépendance de la Chine vis-à-vis des puissances occidentales. C'est pour cette raison que le Japon s'est cru obligé de chasser la Russie de la Corée et de la Mandchourie. Le Japon accorde bien que les puissances occidentales coopèrent avec lui dans l'intérieur de la Chine, mais ne peut admettre qu'elles y travaillent seules, sans son concours. La Chine, d'ailleurs, est, par politique, tellement encline à s'amuser à pousser l'une contre l'autre les nations qui s'occupent d'elle et particulièrement les occidentales contre le Japon, que ce dernier est extrêmement sensible à tout acte des puissances occidentales qui se prêtent à ce jeu dangereux. Le gouvernement chinois, de plus, toujours selon l'opinion nipponne, est encore trop instable pour donner quelque assurance au Japon. Cette situation est une invite constante à l'intervention étrangère. Mais le Japon se croit capable de veiller sur la Chine et de maintenir la paix en Extrême-Orient, tout autant que les Etats-Unis sur Mexico ou les Etats de l'Amérique du Sud. Aussi fut-il tout aussi surpris de la note que Washington envoya à Pékin que Washington l'eût été si le Japon avait envoyé une note semblable à Mexico ou à Panama au sujet du gouvernement intérieur de ces Etats. Le cas de Washington, aux yeux des Japonais, est beaucoup plus sérieux, car aucune action sur Mexico ne pourrait menacer aussi gravement l'indépendance des Etats-Unis que l'action d'une puissance occidentale en Chine menacerait l'indépendance et le prestige du Japon en Extrême-Orient. Le Japon est parvenu à se délivrer de la tutelle des puissances européennes et à recouvrer son indépendance. La Chine n'y est pas encore arrivée, mais le Japon est déterminé à faire tous ses efforts pour lui procurer ce bénéfice. Si elle se montrait incapable d'atteindre à cette liberté, le Japon ferait en sorte qu'elle ne tombât pas dans les mains des rivaux occidentaux qui ne tarderaient pas, selon l'opinion japonaise, à la diviser et à s'en partager les dépouilles, mais qu'elle rentrât sous la tutelle du Japon, qui la maintiendrait unie et indépendante sous sa protection.

Tel est le point de vue nippon par rapport à la Chine. Il y a sans doute des réserves à faire, et le moins qu'on puisse faire remarquer, c'est qu'il est quelque peu exclusif et qu'il se trouverait facilement en contradiction, pour peu que le Japon l'exagère dans son application, avec le principe de la porte ouverte qu'il a accepté dans ses traités conclus avec les puissances étrangères.

Malgré toutes les difficultés qui ont surgi et qui surgiront encore, quelque graves qu'elles puissent être, les menées allemandes, quelles qu'elles soient, n'arriveront pas à briser l'union entre les deux voisins du Pacifique parce que cette union est, comme nous l'avons vu précédemment, une nécessité vitale pour le Japon. Nous savons d'ailleurs que cet incident inquiétant s'est terminé heureusement à Washington. Dans les deux discours que le vicomte Ishii a prononcés à New-York, il a tracé avec précision la politique que le Japon prétend suivre en Chine et montré que les aspirations légitimes des deux peuples peuvent se réaliser harmonieusement, que les conflits qui surgissent sont surtout soulevés par l'Allemagne. Les relations des Etats-Unis et du Japon, a-t-il déclaré, ont été bonnes tant que Berlin n'est pas survenu pour jeter la défiance entre eux. Il a affirmé, avec l'autorité que lui donnait sa mission officielle, qu'en réalité le Japon et les Etats-Unis ont en Chine des intérêts identiques. On doit avant tout obtenir deux choses : le maintien de l'ordre et la porte ouverte au commerce de toutes les nations. Mais on n'arrivera à ce résultat que si l'on élimine les ambitions teutonnes, d'où la nécessité d'écraser l'Allemagne.

C'est là, ajoute-t-il en terminant, l'opinion professée par tous ses compatriotes qui sont au courant de la question chinoise. On sait quel chaleureux accueil fut fait, aux Etats-Unis, à l'ancien ministre des Affaires étrangères de Tokio. On l'acclama jusque dans les rues. Par cette ambassade extraordinaire, l'amitié américo-japonaise s'est trouvée fortifiée, ainsi que l'union de tous les peuples de l'Entente...

Ces bonnes relations entre l'Amérique et le Japon viennent encore d'être confirmées par un arrangement tout récent, puisqu'il nous est signalé par une dépêche de Washington au *Times* de Londres du 10 novembre. Dans cet accord, l'Amérique s'engage à fournir au Japon des stocks d'acier suffisants pour exécuter son programme de construction de navires de guerre et de navires de commerce. De son côté, le Japon promet de coopérer activement à l'exécution du plan de défense contre les sous-marins allemands et à aider les Etats-Unis, au point de vue des transports, en lui prêtant un certain nombre de navires de commerce.

Si donc jusqu'à présent les efforts de Berlin n'ont pas réussi à jeter l'un contre l'autre ces deux peuples, les puissances de l'Entente ne doivent cependant pas s'endormir dans une fausse sécurité. Il faut qu'elles aient continuellement présent à l'esprit que la politique avérée de l'Allemagne en Extrême-Orient est, comme le disait, il y a quelques semaines, le vicomte Chinda, ambassadeur du Japon à Londres, dans un toast au Club américain : « de susciter les discordes entre le Japon et les Etats-Unis. Les agissements dans ce sens, ajoutait-il, sont devenus plus évidents depuis l'explosion de la guerre. En débarquant pour la première fois aux Etats-Unis, l'ambassadeur d'Allemagne donna aux journalistes une entrevue au cours de laquelle il s'attacha à affirmer sa forte conviction que le public américain ne sympathiserait jamais avec la cause pour laquelle le Japon avait pris parti. C'est là une des directions de la propagande de guerre allemande aux

Etats-Unis. Son but évident est d'entretenir et d'exploiter à fond les préjugés que les Allemands supposent exister contre les Japonais dans certains milieux américains... »

Dévoiler ce plan machiavélique et le combattre, voilà l'œuvre urgente entre toutes. Ce n'est pas sans satisfaction que nous pouvons constater que, jusqu'à présent, l'offensive diplomatique teutonne en Extrême-Orient pour disloquer le bloc anglo-japono-américain n'a pas encore obtenu de résultat positif. Mais que les consuls veillent; les nations de l'Entente doivent par tous les moyens travailler à neutraliser les effets de dissociation de l'influence de l'Allemagne et se défendre avec âpreté contre ses fourberies éhontées en organisant une intense contre-propagande de vérité dont le succès n'est pas douteux si nous savons la conduire avec hardiesse et persévérance.

CHAPITRE XVIII

La Conférence des Alliés et l'intervention japonaise. — Le secours nippon aux soldats malades et blessés. — Le sabre d'honneur du Mikado à la ville de Verdun.

8 Janvier 1918.

La conférence des alliés à laquelle prirent part les deux ambassadeurs japonais de Londres et de Paris s'est terminée sans laisser tomber le voile qui couvrait ses réunions ; mais, si nous ignorons les décisions pratiques qui ont été prises au sujet d'une coopération plus efficace du Japon à la guerre, nous savons, du moins, que cette puissance conserve avec l'Entente la même unité de vue ainsi que le même but final qui est la destruction du militarisme prussien. Les menées souterraines de l'Allemagne, ses menaces, ses avances n'ont pas plus de chance d'aboutir au Japon que sa campagne défaitiste n'aboutira en France. On connaît sa politique : faire avec le Japon une paix séparée en lui cédant Kiao-Tchéou et obtenir, en retour, un autre point sur la côte chinoise; détourner cette nation de son rôle sur le terrain mondial et l'immobiliser sur son théâtre asiatique; l'exciter contre les États-Unis pour que ceux-ci ne puissent intervenir efficacement en Europe, et même s'en servir pour abattre la puissante

République américaine ; par-dessus tout attiser la discorde intérieure dans l'empire en intensifiant le courant défaitiste, et en tendant sa main gantée de fer aux pro-germanistes nippons.

Écoutez la *Gazette de Magdebourg* : « Si le diable japonais veut nous faire visite, il trouvera la porte ouverte. Mais que le Japon n'oublie pas que la valeur de son amitié nouvelle dépendra de la rapidité de la démarche, et que le mieux serait qu'elle fût faite de concert avec la Russie. Le Japon doit savoir que ce n'est pas seulement à Tokio qu'on pratique l'art d'exploiter dans son intérêt les embarras des autres peuples. » L'offre germanique est sans doute dépourvue d'aménité, mais, quelle qu'elle soit, elle sera reçue par le classique sourire dédaigneux et impavide qui caractérise les descendants des Samuraï.

Ce que le Japon a le plus à redouter actuellement, ce sont les intrigues de Berlin en Russie d'Asie pour pousser les bolchevicks à réaliser ses ambitions en Extrême-Orient. Avec leur concours, en effet, la Russie orientale pourrait facilement tomber sous la domination allemande qui, sans tarder, occuperait Pétropavlosk, port important ainsi que Vladivostok, l'aboutissant du Transsibérien et port splendide, dont les chantiers sont parfaitement aménagés pour la réparation et construction des navires, qui deviendrait une base merveilleuse, comparable à Zeebrugge, pour abri et montage de sous-marins. Au bout de quelques mois, le Japon trouverait dans les eaux qui l'enveloppent tout autant de sous-marins qu'on en rencontre actuellement dans l'Atlantique ou la Méditerranée.

On a parlé de l'intervention de l'armée japonaise à

Salonique ou en Italie. C'est un grand problème que le transport de 500.000 hommes à une telle distance, avec son artillerie et ses munitions. L'Angleterre est parvenue à transporter 250.000 hommes au Cap pendant la guerre contre les Boërs, mais la distance de Tokio en Italie est double. On conçoit donc que le Japon hésite à intervenir en Occident, mais il aura sous peu, très probablement, besoin de faire un effort considérable au nord de la Mandchourie et peut-être à occuper Pétropavlosk et Vladivostok pour se prémunir contre les bolcheviks germanisés, et protéger le Transsibérien menacé. Dans ce cas, son action sera relativement facile puisque, depuis la fin de la guerre russo-japonaise, il maintient, d'accord en cela avec les traités, deux corps d'armée sur pied de guerre en Mandchourie.

Il paraît bien que ce serait pour étudier cette dernière éventualité que, suivant une dépêche d'Osaka, au *Daily Chronicle* de Londres, datée du samedi 21 décembre, l'empereur aurait tenu, en ce jour même, une longue conférence avec le vicomte Motono, ministre des Affaires étrangères, et trois des principaux membres du Genro. La dépêche nous apprend qu'il s'agissait d'envisager la situation créée par la défection de la Russie.

Que l'effort japonais se fasse sentir sur un point ou sur un autre, c'est l'affaire du Conseil des nations alliées. Il nous suffit présentement de savoir que l'accord existe aussi ferme qu'aux premiers jours de la guerre et que c'est en vain que la fourberie allemande essaye de le dénoncer.

XVIII. — LA CONFÉRENCE DES ALLIÉS

*
* *

On n'a pas assez mis en relief une autre forme de la coopération japonaise à la cause de l'Entente qui mérite toute notre gratitude, je veux parler de l' « Association japonaise pour le secours des soldats malades et blessés, de leurs familles et de tous ceux qui ont souffert de la guerre dans les pays envahis ». Les fonds recueillis, par cette œuvre jusqu'au mois d'août 1917 se sont élevés à plus de 2 millions de yens (5.000.000 francs). Le Comité en charge décida à cette époque de procéder immédiatement à leur distribution, sans attendre que la somme fût plus considérable. Voici comment elle fut répartie : 1 million de francs à chacune des cinq grandes puissances : Angleterre, France, Russie, Belgique, Italie, 150.000 francs à la Serbie et autant à la Roumanie. On eut d'abord l'idée d'envoyer une mission spéciale dans chaque pays pour distribuer ces fonds, mais au dernier moment on se décida à les faire parvenir aux ambassades ou légations japonaises de chaque nation avec une notice expliquant l'origine et la réunion de ces secours.

Depuis le commencement des hostilités, ajoute la revue japonaise qui nous donne ces détails, le Japon a fait tout ce qui était en son pouvoir pour aider les alliés et hâter le jour de la victoire. Se trouvant, par sa position géographique, très éloigné du centre d'action, le Japon n'a pas pu faire tout ce qu'il aurait désiré. Sans doute, la police que ses croiseurs ont exercée sur le Pacifique, la chasse qu'ils ont faite aux corsaires ennemis, l'assistance qu'il a donnée aux transports des troupes et des munitions venues d'Australie et de la Nouvelle-Zélande, la surveillance des navires internés dans les ports neutres et les opérations actuelles en Méditerranée, sans parler des munitions de guerre qu'il a fabriquées et envoyées sur les fronts de bataille, ni des facilités financières qu'il a accordées à l'Angleterre, la France et la Russie, sans doute tout cela a été un grand secours accordé à la cause de l'Entente, mais le Japon n'était pas encore satisfait de cette aide. Ses sympathies sont allées avec tendresse vers les populations souffrantes des pays envahis et à ces nobles héros combattant pour la liberté du genre humain. C'est pour montrer cette sympathie d'une façon pratique que le peuple japonais a décidé de faire une souscription pour le soulagement des victimes de la guerre. Ces sommes, ajoute l'auteur, ne sont pas très grandes, quoiqu'elles soient considérables pour une nation qui n'est pas riche, et si l'on considère le peu de temps consacré à les recueillir, mais elles portent avec elles la sincère affection et les meilleurs souhaits du Japon pour la cause des alliés. Et notre auteur de conclure par ces mots : « Le Japon croit que, lorsque le teutonisme aura été finalement détruit et que la justice aura universellement prévalu, les distinctions de races disparaîtront de la terre et le monde jouira de la fraternité et de la paix universelle. C'est à cette politique que les alliés se sont sacrifiés, c'est pour elle qu'ils combattent et répandent le meilleur de leur sang. Si le Japon s'est uni à eux dans la lutte, c'est dans l'espérance de partager avec eux non seulement la gloire de la victoire, mais aussi le bénéfice de la liberté et de la justice.

XVIII. — LA CONFÉRENCE DES ALLIÉS

*
* *

Nous ne devons pas laisser passer, sans une attention particulière, la haute distinction que le mikado vient d'accorder à la ville de Verdun en lui faisant remettre un sabre d'honneur. Depuis la résistance épique aux fameuses attaques allemandes, le blason de l'héroïque cité s'est vu constellé de nombreuses décorations, témoignages officiels d'admiration des chefs d'États de l'Entente. Et voici que de l'Extrême-Orient lui vient un cadeau honorifique qui tranche avec les croix, étoiles ou médailles reçues jusqu'à ce jour.

C'est au Grand Palais, pendant une solennelle prise d'armes, que M. Matsui, ambassadeur du Japon à Paris, a remis, au nom de son souverain, à M. Robin, maire de Verdun, ce présent glorieux. Ce sabre, chef-d'œuvre de l'art japonais moderne, est « à haute poignée, gainé de peau de requin, à garde étroite et à lame incurvée que renferme un fourreau orné de riches incrustations de nacre ». Ce n'est pas sans fierté qu'on doit accepter cette marque d'estime que nous envoie cette nation pour qui la vaillance et la fidélité ont toujours été les principales vertus.

Le sabre est, au pays des samuraï, le symbole de la valeur et du courage. Certaine tradition nipponne a prétendu que les lames étaient des fées et qu'elles possédaient une âme. Les chevaliers et les seigneurs du moyen-âge se faisaient un luxe d'en composer une collection dont ils disposaient suivant les circonstances et même suivant le costume. Il en est qui en possédaient de 1200 à 1500. Leur entretien était confié à un homme sûr et adroit. Les lames étaient effilées à un tel point que d'un seul coup on abattait une tête. Elles étaient comme qualité supérieures à celles de Tolède ou de Damas.

Les armuriers qui les fabriquaient étaient des artisans très honorés. L'ornementation des sabres a toute une histoire qui se confond avec celle de la ciselure même. Aussi bien l'art s'attacha à décorer chacune des parties de cette arme. Mais ce fut surtout la garde du sabre (*usuba*), la plus importante des garnitures par sa dimension, qui fut le plus travaillée, et permit le mieux à l'artiste de donner la mesure de son talent. On prétend même que par cette pièce on peut étudier d'une façon presque complète l'histoire de la ciselure japonaise depuis le xve siècle jusqu'à nos jours.

Il nous suffira de citer quelques noms et de décrire quelques œuvres pour faire apprécier la délicatesse extraordinaire de ce travail.

Voici Kane-Iye Ier, vers le milieu du xve siècle, qui crée le style paysagiste appliqué à l'art du métal. Ses gardes de sabre révèlent sa passion pour les collines et les forêts, pour les fleuves et les oiseaux, pour la grande nature tranquille que certaine secte bouddhiste aime à comparer au calme que doit atteindre l'esprit de l'homme dès ici-bas dans le monde d'impermanence où nous vivons.

Les sujets qu'il traite n'ont rien de compliqué. Sur certaines de ses gardes, il a ciselé tantôt un pont primitif qui enjambe une cascade, tantôt un paysan juché sur un bœuf qui avance nonchalamment à travers la campagne. Ici, c'est un vol triangulaire d'oies sauvages au-dessus des eaux couvertes de roseaux et de lotus. Là c'est un aigle regardant la mer du sommet d'une falaise abrupte. Voici une garde représentant des rochers couverts d'arbres dépouillés et se dressant au-dessus d'un lac bordé de quelques cabanes. Ce sont aussi parfois des personnages légendaires recueillis et en contemplation auprès d'une cascade qu'illumine le croissant de la lune.

Au XVIe siècle, Kane-Iye II développa le style paysagiste de son prédécesseur sur des gardes nombreuses, où il s'est plu à reproduire les clairs de lune, les profils montagneux, les arbres tordus et les personnages à barbiche chinoise particuliers à l'école des kano, ainsi que les couchers de soleil de Shubun. Il a aussi traité beaucoup de sujets mythologiques avec la même ampleur majestueuse et la délicatesse incomparable de son ciseau. On cite de lui comme chef-d'œuvre une usuba (garde) splendide, d'esprit bouddhique, qui fait partie de la collection du docteur Mène. Ciselée en haut et léger relief, on y voit sur une face tout un cortège de treize personnages, debout sur un nuage ; en avant, trois divinités, la tête entourée d'une auréole, et, debout sur une fleur de lotus épanouie, au milieu, Amida Dhyani Bouddha, président au paradis inférieur des soûkhavati, divinité conductrice des âmes, ayant à sa droite Kwan-Non, dieu de compassion et protecteur du monde, tenant une corbeille ; à la gauche d'Amida est son compagnon ordinaire Seissi ; derrière eux un cortège de Bodhisattwa. Un personnage porte une lanterne suspendue à une perche, un autre tient un étendard, un troisième joue du shô (espèce d'instrument de musique à tuyaux). Vient ensuite le miroir magique dans lequel se reflètent les actions des hommes, puis le cotège des Bodhisattwa, les bras élevés et les mains jointes : scène religieuse d'un très bel effet, admirablement rendue et rappelant les peintres primitifs.

Au revers de cette garde, le démon debout, avec des cornes d'or et des longues dents en argent, tenant une corbeille dans laquelle se voit une tête de mort et des ossements humains, près de lui une large chaudière, ainsi qu'une pique à deux pointes (1).

Cette procession mystique, tracée sur la face de cette garde, descend du sommet et évolue sur son côté droit. Une chose à remarquer qui est assez rare pour l'époque, c'est l'observation d'une perspective assez rigoureuse dans la taille des différents personnages du cortège s'éloignant sur la bande des nuages.

Ces quelques mots sur l'art de la ciselure appliquée aux sabres suffisent pour montrer en quelle haute estime les Japonais ont toujours tenu cette arme, puisque leurs plus grands artistes ont travaillé à la perfectionner et à l'embellir. Rien à leurs yeux n'était assez beau pour cet emblème de la justice et du courage. L'empereur ne pouvait mieux faire pour honorer Verdun que de lui offrir un sabre d'honneur, et ce n'est pas sans un légitime orgueil que la cité héroïque a accepté ce chef-d'œuvre de l'art japonais de la part d'une nation amie qui a toujours eu comme idéal l'honneur militaire et le patriotisme le plus élevé.

(1) *Notice sur les Kane-Iye*, par M. le Dʳ Mène, parue dans *The Weekly critical Review*.

CHAPITRE XIX

Quand le Japon interviendra-t-il ?

14 Avril 1918.

Je rencontrais ces jours-ci, sur le boulevard des Italiens, un de mes amis que passionne la politique étrangère, et quelque peu sceptique au sujet de la coopération japonaise, qui me dit d'un air mystérieux et sur un ton quasi confidentiel, tandis que les obus de la grosse « Bertha » allemande dissimulée dans la forêt de Saint-Gobain explosaient çà et là sur Paris :

— Eh bien ! comptez-vous toujours sur le concours des armées nipponnes ? S'il était un événement qui dût décider ce peuple à entrer promptement et avec toutes ses forces à nos côtés contre le pangermanisme n'était-ce pas l'effondrement de la Russie, la paix russo-allemande si grosse de conséquences en Extrême-Asie, si menaçante pour le Transsibérien et la Chine, qui donne à l'Allemagne une puissance quasi illimitée et peut même lui permettre de fermer aux alliés les voies arctiques qui les relient au Nouveau-Monde ? Cette inaction relative, malgré toutes les belles paroles des gouvernants japonais, ne fait-elle pas douter de la loyauté de cette nation et craindre qu'elle ne se ménage une sortie dans l'hypothèse d'une victoire allemande? Croyez-m'en, vos Japonais, âpres au gain, n'ont en réalité qu'un idéal : celui de l'intérêt. Ne les regarde-t-on pas un peu comme les Prussiens de l'Extrême-Orient, comme une nation de proie? Suivez d'ailleurs leur politique depuis une vingtaine d'années, elle n'est que l'histoire de leurs annexions brutales : la Corée, Formose, la Mandchourie. Quant à Kiao-Tchéou et le Chang-tong, ainsi que les colonies allemandes prises récemment, ne parlent-ils pas déjà de ne les rendre point? Ignore-t-on leurs convoitises sur les colonies françaises et britanniques que baigne l'Océan Indien et n'a-t-on pas même fait courir le bruit que leur appétit s'étendait jusqu'à certain port européen de la mer du Nord? Si nous voulons obtenir d'eux un concours efficace, nous devons nous attendre à le payer d'un prix tel qu'il équivaudrait à l'abandon de nos droits les plus légitimes en Asie. Leur présence en Sibérie serait une mainmise sur Vladivostock et le Transsibérien, et constituerait pour l'Extrême-Orient un péril presque aussi redoutable que le péril allemand. Ne pensez-vous pas que la grande réserve des États-Unis, au sujet de l'action nipponne en Sibérie, soit basée sur des motifs sérieux et que nous ne devions accepter cette coopération qu'avec une grande prudence?

— Voilà, mon cher, un véritable réquisitoire contre nos alliés nippons. Si je puis vous accorder qu'il contient quelques parcelles de vérité, laissez-moi du moins vous montrer combien il est exagéré dans son ensemble et même faux sur certains points essentiels.

Comment d'abord pouvez-vous douter de la loyauté

de cette nation ? Son attitude depuis sa déclaration de guerre à l'Allemagne démontre abondamment sa fidélité vis-à-vis des alliés. Sans doute, un parti pro-germain a laissé entendre sa voix discordante dans la politique extérieure, mais il faut se souvenir que le Japon n'est pas en régime parlementaire et que la direction suprême de l'État n'appartient qu'au gouvernement mikadonal aidé des genro, lequel a toujours scrupuleusement observé les traités et s'est continuellement montré notre ami. Tenez, voici deux petits faits tout récents : un télégramme de M. Koshima, ministre de la guerre au Japon, à M. Clemenceau : « Je tiens à vous exprimer au nom de l'armée japonaise notre admiration pour les héroïques combats des armées franco-anglaises contre les furieuses attaques d'un ennemi supérieur en nombre. Nous sommes certains de votre victoire, étant donnée votre bravoure sans précédent. » Et tout récemment encore n'avez-vous pas remarqué, au moment où le Cabinet Tera-Uchi, menacé par l'opposition, songeait à se retirer, que l'empereur, après avoir consulté les genro, voulait le remplacer par un Cabinet Saïonji ? Or, vous n'ignorez pas que le marquis Saïonji, un des grands seigneurs issu d'une des plus illustres familles du Japon, a reçu une éducation toute française. Il vint, après 1870, faire ses études à Paris ; il aime beaucoup la France parce qu'il la connaît bien. N'est-ce pas significatif ? N'avez-vous pas remarqué de plus que dans tous ses discours M. Motono, le ministre actuel des Affaires étrangères, se déclare prêt à s'entendre avec les alliés et à marcher de concert avec eux ? Si le Japon reste dans l'inaction, ne serait-ce pas la faute des alliés qui ne savent pas ou ne veulent pas tirer parti des dispositions favorables de cette nation ?

— L'obstacle vient sans doute de ce que le Japon met la dragée trop haute, qu'il est trop réaliste, quelques-uns disent trop rapace. Certaines de ses prétentions n'ont-elles pas fait sourire ?

— J'avoue que ses appétits sont quelque peu déconcertants, qu'il est loin d'être un pêcheur de lune. Mais on exagère en attribuant aux Japonais la boulimie du loup prussien. Ce serait faire injure aux diplomates de Tokio de les croire incapables d'éviter les écueils qui les menaceraient s'ils se laissaient entraîner dans cette voie. Suivez la conduite du gouvernement nippon depuis la Restauration impériale, vous n'aurez pas de peine à l'admirer comme un chef-d'œuvre de souplesse et de tact. Je ne doute pas qu'il ne finisse par s'accorder bientôt avec les États-Unis au sujet de l'étendue et des conséquences pratiques de son intervention en Sibérie. Le Japon voit aujourd'hui deux chemins ouverts devant lui : ou bien s'engager dans une conquête générale qui le fera exécrer des nations alliées et même de l'Allemagne, ou bien prendre, avec l'approbation de l'Entente et en harmonie avec elle, une place de premier plan et devenir comme l'arbitre de l'Asie. Croyez-vous que ses hommes d'État si avisés soient capables de compromettre l'avenir de leur pays par une avidité peu sensée ?

Il faut chercher ailleurs les motifs de l'inaction actuelle du Japon. Les stratèges de cabinet ont vite fait de lancer un million d'hommes en Sibérie, de les échelonner le long du Transsibérien pour sauvegarder les centres économiques et industriels, de les faire avancer en quelques jours sur Irkoutsk et de là les voir d'un bond atteindre Pétrograd. Mais la réalisation est plus malaisée. Aussi bien, un autre problème non moins complexe est celui de combiner l'action nipponne avec la résistance des patriotes russes qui, en Sibérie, luttent contre les bolcheviks.

— Pourquoi n'ont-ils pas, dès le début, tenté une expédition sur le front occidental, comme le désirait un certain nombre de nos hommes politiques? Les héritiers des Samuraï nous eussent apporté un fier appui dans l'effort gigantesque que nous eûmes à soutenir.

— Nouveau problème presque insoluble : difficultés de toutes sortes provenant de différences de race, de mœurs, de langue, du prix énorme de l'entretien d'une armée (deux milliards de dollars par an), du transport impossible par le Transsibérien et qui eût demandé quatre millions de tonnes par voie de mer et plusieurs années pour être effectué.

Le comte Okuma, au mois de décembre dernier, est revenu sur ce projet de coopération en Europe et déclara, dans une interview, qu'à son avis, « l'opinion publique serait en faveur d'une intervention sur le front occidental, car c'est un caractère de l'esprit « samuraï » de choisir toujours la part la plus dure. Nous enverrions peut-être 500.000 hommes, ajouta-t-il, mais nous serions prêts à les sacrifier tous à la fois. Le Japon combattra dans cet esprit ou pas du tout ».

Sentiments excellents, mais il est à croire que sous peu l'Entente demandera aux Japonais un grand effort sur un autre terrain où leur vaillance sera non moins profitable.

En résumé, on s'est beaucoup trop pressé d'escompter l'intervention de l'armée japonaise, qui ne pourra se réaliser qu'après un accord complet avec toutes les puissances alliées, ce qui suppose la solution commune de problèmes épineux et infiniment complexes. Mais, franchement, jusqu'ici nous n'avons pas de raisons de mettre en doute ni la sincérité, ni, je ne dirais pas le désintéressement, mais la modération du gouvernement japonais. Il faut même ajouter que le caractère nippon, le *yamato tamashii*, tel qu'il nous apparaît dans son histoire et dans ses traditions, nous offre maints traits de fidélité, de loyauté, et de générosité chevaleresque. Ce serait, de la part de cette nation, trahir son passé et son idéal que d'imiter l'impudente Allemagne que Wilson stigmatisait ces jours-ci en la qualifiant de puissance sans conscience et sans honneur.

CHAPITRE XX

Le baron Goto, ses idées politiques. — Le creuset des nations. — M. Goto et la guerre. — Le Japon, la démocratie et le socialisme. — Le Japon et les États-Unis.

17 Mai 1918.

Le baron Shimpei Goto, ministre de l'Intérieur du Cabinet Tera-Uchi, qui vient de prendre, à la retraite de M. Motono, le portefeuille des Affaires étrangères, fit paraître, en mars 1918, dans une revue japonaise, quelques semaines donc avant la crise intérieure du Cabinet actuel, un article important qui, non seulement nous dévoile quelque peu la pensée de cet homme d'État, mais jette également une certaine lumière sur la mentalité de la classe dirigeante nipponne, au moins de sa portion la plus pondérée et la plus influente. A ce double titre, son travail nous intéresse, car aucun ne saurait être négligé des rayons épars capables d'éclairer l'âme de ce peuple auquel on prête généralement le masque impénétrable du sphinx de Giseh.

La préoccupation de M. Goto, dans cet article, est de préconiser un laboratoire politique international, pour aider son pays à n'adopter de la civilisation occidentale que les choses essentiellement bonnes, d'un usage éprouvé, et à l'empêcher d'abandonner ses traditions séculaires qui constituent sa personnalité. Il pose d'abord comme principe, que toute puissance reçoit son activité d'un centre moteur, et que tout centre repose sur un fondement. C'est là un axiome aussi vrai pour les nations que pour les individus. L'esprit humain possède un axe autour duquel il tourne. Pour M. Goto, l'axe de l'âme moderne c'est le passé, autour duquel elle tourne constamment. Cet axe, d'ailleurs, est celui d'une âme saine, car, seule, la faculté de comparer le passé et le présent peut permettre de prévoir et d'atteindre l'avenir. Les hommes doivent acquérir de fortes connaissances sur leur pays et l'étranger, sur tout ce qui touche la race et l'individu. L'esprit national, possédant ainsi cet axe stable autour duquel il doit tourner, pourra, sans erreur, choisir entre le vrai et le faux, le fort et le faible, et avancer sur le chemin de la vérité et du progrès !

L'auteur nous montre ensuite les tristes résultats d'une méthode contraire. Si les individus, les sociétés et les nations commencent à tourner autour d'un axe mauvais, autour de l'ignorance, du préjugé ou autres bases erronées de la pensée, ils ne pénètrent que superficiellement dans le vrai, ne voient pas les choses comme elles sont réellement, poussent des branches aux mauvais endroits, obstruent la voie du progrès et deviennent des aveugles conducteurs d'aveugles. Une telle façon d'agir est aussi ridicule que celle d'un chien qui aboie après son ombre ou qui regarde avec convoitise l'os qu'il tient dans sa bouche. On trouve des pierres précieuses même parmi les choses anciennes ;

il ne faut pas les rejeter pour ce motif seul qu'elles sont anciennes.

Il constate ensuite que le Japon est submergé par les pensées nouvelles venues d'Occident, et qu'il est exposé à être emporté par ce torrent impétueux. Un certain nombre de ses compatriotes sont prêts à avaler toute nouveauté occidentale sans examiner sa valeur ni son caractère. Quelle amusante naïveté! Ne faudrait-il pas que toute importation exotique fût soumise à un laboratoire politique international et ne pût jouir du droit de cité qu'avec son assentiment ?

En traitant de l'importance des nouveautés introduites dans la vie nationale, on y comprend essentiellement les innovations politiques. Aussi bien aujourd'hui, tout ne converge-t-il pas vers la politique et n'envahit-elle pas tout ? La difficulté provient de ce que ses théories sont aussi compliquées que diverses. On ne peut discuter utilement, que si l'on base ses opinions sur un jugement indépendant. Les principes fondamentaux ne peuvent être déduits de réflexions et de transactions privées ; pour être forts, ils doivent être impartiaux et revêtus de dignité.

Quand les principes politiques sont de premier ordre comme solidité, on est obligé d'accepter les conclusions particulières qui en découlent. Si l'on n'a encore jusqu'ici atteint aucune conclusion ferme, c'est simplement par défaut de ce laboratoire qu'il conseille d'établir.

*
* *

L'homme de science est autrement puissant que

l'homme d'État. Il possède un laboratoire chimique dans lequel tout passe à l'épreuve la plus sévère, tandis que pour ses théories politiques le Japonais n'a comme creuset que des discours frivoles et une expérience récente, souvent désastreuse. Mais si au moyen de ce laboratoire préconisé on fait un retour en arrière à travers les générations passées, tant en profondeur qu'en largeur, on discernera aisément, comme un visage dans un miroir, le bien du mal, le vrai du faux, la beauté de la laideur. De toute façon il est absurde d'admettre que toutes nos théories scientifiques puissent s'éprouver dans un laboratoire, tandis que nos hypothèses politiques doivent être abandonnées au sceptre de la poésie et du rêve ainsi qu'aux ruines qu'il engendre.

*
* *

M. Goto jetant alors un regard sur l'Europe se demande si ce n'est pas dans une erreur semblable que réside la cause du cataclysme actuel, qu'il considère comme un vaste creuset où seront purifiées les nations, où leurs scories vont être éliminées et par lequel se manifestera la volonté du *Ciel*. Les nations enveloppées dans la tourmente peuvent n'avoir pour but que la victoire, mais le *Ciel* conduira vers la vérité. Les points forts et faibles des politiques nationales deviendront apparents. Il en résultera une institution mondiale qui conciliera les divergences des peuples et trouvera le moyen de les faire vivre dans la paix et de les gouverner avec humanité. L'écrivain voit donc, lui aussi, poindre la silhouette d'une « Société des nations », dont un des rôles sera de juger les conflits internationaux sans appel et d'être garant de la paix universelle.

Puisque cette guerre lui a fourni les premiers éléments du grand laboratoire politique, l'auteur va essayer d'utiliser, avec toute la largeur de vue et la sagesse possible, les moyens mis à sa disposition et de découvrir ce que son pays peut apprendre des expériences données.

*
* *

M. Goto constate d'abord que le Japon ne peut pas plus oublier son passé que s'oublier lui-même. Il doit se jeter dans le creuset, sans perdre son identité. Son caractère et son âme sont éternels. Il lui faut éprouver chaque principe et chaque fait important, en connaître avec soin l'espèce et le nombre, et se rendre un compte exact de la nature de chaque réaction. Toutes les ressources que peuvent fournir l'Angleterre, l'Amérique, la Russie et la Chine seront mises à contribution. Dans ce grand laboratoire qu'est la guerre, aucune nation n'a subi de plus grands changements que la France et la Belgique. Plusieurs petites nations neutres ont eu aussi leur épreuve, mais ce sont surtout l'Angleterre, l'Amérique, la Russie et la Chine qui offrent au Japon les meilleurs éclaircissements sur la réaction de principes vitaux. Ces quatre nations ont déjà subi d'importantes mutations, et l'on peut constater que leur affinité principale a été pour la démocratie.

On a prétendu que la guerre présente était essentiellement une lutte entre le militarisme et la démocratie.

La démocratie est un élément chimique qui, combiné avec le militarisme, le détruit. La démocratie anglaise a touché le militarisme allemand, et le processus de la réaction est une lente, mais sûre désagrégation de ce militarisme qui empoisonne le progrès de l'humanité. Mais dans le résultat de l'expérience, il y a quelques indices montrant que la démocratie elle-même peut être affectée par cette tendance qu'elle est supposée détruire. Elle peut elle-même s'imprégner de militarisme. Alors, quel serait le plus dangereux, d'un militarisme bureaucratique ou démocratique? L'Amérique s'offre à nous comme le républicanisme s'opposant à l'impérialisme, mais les expériences actuelles n'indiquent-elles pas qu'il y a une réaction du républicanisme vers l'impérialisme? Voilà, fait remarquer l'écrivain, une question de la plus haute importance et digne de l'étude constante et attentive des Japonais!

Que penser du socialisme que quelques-uns regardent comme un progrès sur la démocratie? Les socialistes se sont imaginé que s'ils arrivaient à leurs fins, démocratie, impérialisme, militarisme et tous les autres maux des sociétés humaines disparaîtraient sans retour, et que dans l'univers régénéré régneraient à jamais le bonheur et la paix. Mais voici que, dans la tourmente, le socialisme a été soumis au laboratoire politique de la Russie, et quelle a été la conséquence, si ce n'est une réaction violente vers le désordre? Les intérêts du peuple n'y sont pas protégés et l'industrie y est menacée d'une ruine complète. Un résultat à peu près aussi désastreux n'a-t-il pas été, en Chine, le fruit de l'établissement de la République dont on n'attendait que des fruits de réorganisation et de stabilité?

La démocratie, le républicanisme et le socialisme, pris comme produits chimiques et jetés dans l'alambic avec le militarisme, dans l'attente d'une réaction qui conduirait vers une paix et un bonheur permanents pour le genre humain, ne nous ont donné que des résultats contraires et lamentables. L'idéal démocratique et socialiste de se passer d'armées, n'est-il pas extrêmement chimérique et trompeur ? Quelle est la condition des nations où prévalent ces idées, et quelle est leur destinée politique ?

Voici enfin le tour du Japon qui, comme on le conçoit, est pour M. Goto la pièce de résistance vers laquelle convergent toutes ses conclusions. Il rappelle d'abord que ses annales, qui remontent à plus de vingt-cinq siècles, démontrent que sa constitution et son esprit national sont les plus puissants et les plus durables de l'histoire de l'humanité. S'ils ont été imprégnés de la pensée occidentale, ils n'ont cependant pas été essentiellement modifiés. Cette constitution, soumise à l'épreuve du laboratoire, n'a pas été sensiblement altérée; elle s'est comportée comme l'or dans un acide, comme le platine au feu.

D'après les rêves chimériques des politiciens, toutes les monarchies, sans exception, doivent successivement se transformer d'abord en monarchie constitutionnelle, puis en République, puis enfin se dissoudre en poussière socialiste où tous les individus seront égaux en dignité et en richesse, « ce qui, ajoute M. Goto, est une utopie aussi irréalisable que l'espérance de voir un jour un lion se coucher avec une lampe ». La liberté, sans les principes éternels et l'unité, est une chose vaine, et la paix sans l'ordre n'est que ruines. Aussi bien, depuis que la vie est sociale, elle ne peut subsister que dans un système national organisé. Un corps politique est aussi essentiel que le corps physique pour l'action vitale. La fonction limitée de chaque membre ne restreint pas la liberté de l'individu, car, comme tous les membres doivent travailler ensemble pour le bien du corps entier, cette limitation n'est pas un mal, mais un bien. Il n'y a que des écervelés qui peuvent se plaindre de cet état de choses. Si quelque organe refusait de remplir sa fonction propre pour exercer celle d'un autre, le corps tomberait dans l'incohérence, et l'individu perdrait la liberté. Il n'en est pas autrement dans un Etat. Si quelques individus cherchent une liberté au delà des limites du bien de l'Etat ou au delà de leur propre fonction, tous leurs concitoyens peuvent, à cause de cette folie, perdre la liberté à laquelle ils ont droit.

L'auteur n'hésite pas à attribuer la situation actuelle de l'Europe à un désordre de ce genre. C'est la raison pour laquelle personne n'est plus libre maintenant sur le vieux continent. Si plus de 150 millions d'hommes souffrent maintenant en Russie, c'est parce que quelques socialistes ont recherché une liberté qui dépasse la limite qui convient à un citoyen, précisément pour atteindre un idéal qui ne peut pas subir l'épreuve du laboratoire politique.

M. Goto conclut en montrant que de tels excès ne pourront se produire au Japon à cause de la perfection organique du corps social nippon, qui est le fruit de la sagesse des Ancêtres et de la rectitude des principes du gouvernement. La Constitution japonaise ne repose-t-elle pas sur des bases inébranlables, puisqu'elle a déjà résisté à l'assaut de vingt-cinq siècles!

Cet article, où l'on a sans doute remarqué çà et là le vague de la pensée nipponne, sent un peu la méthode allemande dont M. Goto est le disciple puisque, médecin, c'est en Allemagne qu'il alla perfectionner ses études médicales. Cette perpétuelle comparaison prise dans le domaine des expériences chimiques appliquées aux choses politiques, est bien dans le goût du génie d'outre-Rhin. Cependant, il est difficile de refuser à l'écrivain le mérite de la hauteur des vues, de la pondération frappée au coin d'un ferme bon sens, de la justesse et de l'équilibre de la pensée, encore que l'on remarque par endroits, et surtout dans la conclusion que j'ai dû abréger, une forte teinte de chauvinisme atavique ainsi qu'un bon vouloir excessif, exprimé d'ailleurs en des termes assez embarrassés quand il essaye de défendre et de soutenir les mystères des origines solaires de la lignée impériale et de l'archipel nippon lui-même.

Il faut noter, en particulier, qu'il donne comme base nécessaire à toute société qui ne veut pas périr, ce qu'il appelle le *Ciel* et les *principes éternels*. Avec son cerveau d'Oriental, il conçoit sans doute le terme *Ciel* dans le sens erroné du confucianisme panthéistique, c'est-à-dire comme une abstraction, une sorte d'inconnaissable, et les termes *principes éternels* comme équivalents aux préceptes de la morale incomplète et parfois absurde du Bushido, synthèse du shintoïsme, du bouddhisme et du confucianisme qui fut l'idéal des Samuraï au XVIII° siècle, et qui est devenue l'idéal actuel de toute la nation. Ainsi compris, ces termes n'offrent qu'un fondement ruineux par défaut de réalité objective, et par absence de sanctions; mais substituez à ces deux termes les expressions de *Dieu personnel* et de la *loi naturelle et divine,* la pensée de M. Goto devient la vérité même, et la société repose sur les seuls fondements qui la puissent porter sans fléchir.

Son jugement sur le socialisme n'est-il pas extrêmement remarquable ? Si l'on reconnaît un arbre à ses fruits, ne reconnaîtrons-nous pas la valeur du socialisme révolutionnaire, principe de décomposition sociale, aux fruits qu'il a portés dans cette malheureuse Russie qui, si elle ne peut être secourue à temps, risque de perdre jusqu'au souvenir de sa grandeur passée ? Cela ne signifie pas que nous puissions nous désintéresser du grand problème de l'amélioration du sort des classes ouvrières souvent opprimées par les conditions sociales ; loin de nous cette pensée, mais il faut se souvenir qu'en même temps qu'on accroît l'aisance de la vie, il faut également élever l'idéal moral sans lequel le bien-être matériel n'est souvent qu'un moyen d'avilissement.

***

On prétend que le Cabinet Tera-Uchi, reformé avec M. Mizuno à l'Intérieur, et M. Goto aux Affaires étrangères, n'est qu'un ministère de transition. Quelle que soit sa durée, puisse-t-il travailler à résoudre le problème complexe de la coopération japonaise en Sibérie ! Depuis les bonnes paroles échangées entre M. Goto et M. Lansing, on a remarqué un changement d'attitude entre Tokio et Washington. L'Amérique est de plus en plus persuadée de l'honnêteté des intentions du Japon dans la campagne qu'il se sent appelé à entreprendre en Russie. La fidélité absolue à ses alliances, sa maîtrise d'elle-même manifestée par son calme durant la période d'extrême réserve de l'Amérique au sujet de son intervention armée, sont des garants de la droiture de ce peuple et décideront M. Wilson à former un accord définitif avec Tokio, en harmonie avec l'Entente, pour la libération et le salut de la Russie. Aussi bien ne s'agit-il pas également d'empêcher les tentacules de la pieuvre germanique de s'accrocher à ce malheureux pays et d'en sucer toutes les ressources et les richesses, avantages incalculables qui permettraient à l'Allemagne, même tenue en échec sur le front occidental, de compromettre l'équilibre de l'Europe et de menacer ses libertés ?

CHAPITRE XXI

Dans quelle mesure le Japon doit-il intervenir en Sibérie. — Un nouveau front oriental. — Le Japon et l'Allemagne. — Une escroquerie diplomatique. — A la recherche d'une philosophie. — Panthéisme oriental et hégélianisme.

23 juillet 1918.

Qu'y a-t-il de vrai dans la nouvelle récente venue de Tokio, annonçant que l'intervention japonaise était plus éloignée que jamais ? Pour faire disparaître toute équivoque, il y aurait lieu de préciser ce qu'on entend par intervention nipponne. Il ne s'agit évidemment pas de l'action d'une grande armée japonaise envoyée seule en Russie d'Europe pour affronter les troupes de Ludendorff. Ce serait, dans ce cas, engager une lutte à 10.000 kilomètres de ses bases d'opérations, avec, comme moyen de transport et de ravitaillement, à travers un pays sans ressources, une ligne ferrée unique : le Transsibérien, voie qu'il faudrait faire garder dans toute sa longueur par des troupes dont le nombre seul donne à réfléchir. Que le Japon se refuse à ce genre de coopération, cela se comprend, mais il s'agit de tout autre chose. On ne demande, en fait, à notre allié d'Extrême-Orient, qu'une participation à la formation d'une armée interalliée, avec la charge d'approvisionner en matériel et en artillerie tous ces corps expéditionnaires grossissants, d'en organiser et faire fonctionner tous les services techniques. Ce premier groupe d'armées, composé d'Américains, Anglais, Français, Chinois, forts contingents japonais, Tchéco-Slovaques (on en compte déjà 15.000 à Vladivostock), auxquels se joindraient, au fur et à mesure, tous les Russes désireux de secouer le joug des bolcheviks, s'efforcerait d'aller combiner son action avec l'autre armée interalliée de la côte mourmane, et de reconstituer pour ainsi dire, à travers les monts Ourals, un nouveau front oriental. Ce vaste projet est loin d'être chimérique, au dire du général Horvat, qui vient d'être proclamé gouverneur provisoire de la Sibérie, la personnalité la plus compétente sur la question du Transsibérien, puisque c'est lui qui permit le transport des troupes russes pendant la guerre russo-japonaise. A son avis, un million d'hommes suffiraient à cette tâche : 300.000 de troupes alliées et 700.000 Russes : Tchéco-Slovaques ou autres patriotes.

Dans ce sens, on se demande les raisons pour lesquelles le Japon n'interviendrait pas immédiatement, pourquoi la rivalité américo-japonaise s'y opposerait, et quelle objection pourrait encore faire valoir le gouvernement de Washington. Ni le Japon ni les États-Unis ne peuvent refuser leur entier concours à une prompte expédition en Sibérie. Il faut en toute hâte, et par tous les sacrifices, aider la Russie à se régénérer et couper les ailes à l'Allemagne dans ses visées sur le Transsibérien, qu'elle considère à juste titre comme la clé maîtresse des richesses du monde oriental.

*
* *

Aux pessimistes trop pressés de voir le Japon intervenir et qui le soupçonnent d'entretenir des sentiments germanophiles je rappelle ces deux faits : une dépêche de New-York du 5 juillet nous annonce que l'ambassadeur du Japon aux États-Unis, le vicomte Ishii, en discourant à Fair-Haven (Massachusetts), a garanti que le Japon apportera son plein concours aux alliés par des moyens qui, selon l'idée du Japon, seront les plus efficaces pour conduire le plus sûrement au succès. L'éminent homme d'État affirmait en même temps que le bruit souterrain d'un rapprochement entre le Japon et l'Allemagne était un bel échantillon de menées boches pour troubler l'Entente, et donnait cette manœuvre comme une preuve de la bêtise allemande, incapable de comprendre l'âme chevaleresque des descendants des Samuraï. Le message du peuple japonais, que l'ambassadeur a remis à cette occasion aux peuples de la Confédération, est significatif : « Nous avons confiance en vous, nous vous aimons, et si vous le permettez, nous marcherons à vos côtés en bonne et loyale camaraderie pour toutes les années à venir. » Ajoutez à cela la visite récente du prince Arthur de Connaught à Tokio, où, dans le palais de Kasu-Migaseki, au milieu de cérémonies imposantes, le mikado a accepté de S. M. le roi George le bâton de feld-maréchal anglais, avec échange de compliments réciproques marqués au coin de l'amitié la plus sincère. N'est-il pas vrai que, maintenant moins que jamais, nous n'avons sujet de douter du loyalisme de notre allié d'Extrême-Orient, que son concours nous est assuré, et que le moment et le mode de sa coopération militaire ne dépendent que de la décision du Conseil de l'Entente?

Si l'on est curieux de savoir ce qu'on pense exactement au Japon de l'Allemagne et en quelle estime elle est tenue dans les milieux éclairés, comme dans la masse du peuple d'ailleurs, il n'y a rien de plus instructif qu'un article de revue de M. Y. Takegoshi paru en mai dernier, et que nous apporte à l'instant le courrier d'Extrême-Orient. Il est un peu long ; je devrai me borner à n'en donner que la substance, mais cela suffira amplement à nous éclairer.

Au début, l'auteur nous fait remarquer que le concours de son pays à la cause des alliés n'est pas dû à de simples motifs d'intérêt. Le Japon est entré dans la guerre pour les mêmes raisons que l'Angleterre et les États-Unis, et en particulier pour assurer la liberté et la paix du genre humain. Dès le principe, il a fait tout ce qui dépendait de lui pour assister l'Entente, et cette politique a obtenu la sympathie et le concours de tous ses meilleurs citoyens. M. Takegoshi n'hésite pas à avouer que l'Allemagne a quelques rares amis au Japon, et il le regrette. Mais ce ne sont pas des agents de l'ennemi. Ils ont le culte de la force germanique, et, s'ils désirent que leur idéal incarné ne soit pas vaincu ou du moins complètement ruiné, ils n'ont aucun pouvoir pour amener le Japon à partager leur état d'âme : ils sont sans influence. Ce qu'ils admirent dans l'Allemagne, c'est cette force brutale et cette froide inhumanité auxquelles sont dus ses succès. Ces quelques étourdis ne considèrent que le succès sans s'occuper des moyens par lesquels il est atteint. Pour eux, la fin justifie les moyens, comme si la valeur réelle du succès ne dépendait pas de la valeur des moyens employés pour l'atteindre. N'y a-t-il pas des succès parfaitement déshonorants et méprisables ?

Il s'ensuit que, si l'on peut admirer la hardiesse et le courage de l'Allemagne, on ne doit cependant pas fermer les yeux sur l'entêtement, la cruauté et la rapacité brutale auxquels ces vertus ont été prostituées. La hardiesse et le courage obtiennent toujours le succès, même dans le mal ; mais vaincre par l'infamie est un honneur plus que douteux. La puissance du système social et politique de l'Allemagne est plus louable que sa politique et sa tactique de guerre. Son élévation rapide à une situation magnifique dans le concert des nations de l'Europe fait l'éloge de l'ardeur et de la puissance de son patriotisme. Le Japon peut accorder cela sans cependant accepter la fameuse « kultur » universellement reconnue comme un élément dangereux. C'est pour nous un devoir d'exécrer l'ambition qu'a l'Allemagne de dominer l'univers, ce qui est la caractéristique de l'esprit de la « kultur », et le Japon, dans sa presque totalité, le remplit rigoureusement. En aucun cas, d'ailleurs, nous ne devons perdre de vue que nous sommes dans le camp des alliés et que l'Allemagne est notre ennemie.

Et voici que l'écrivain, pour montrer combien le Boche est méprisable, cite quelques traits de fourberie et de malhonnêteté teutonnes dont son pays eut à souffrir. Le premier, celui qui concerne l'affaire des Boxers, en 1900, peu connu, est un spécimen du tact et de la loyauté germaniques. On sait que durant cette révolte des Boxers, tous les étrangers en Chine étant menacés, les troupes des différentes puissances intéressées s'unirent pour porter secours à leurs nationaux. Alors s'éleva la question de savoir à qui serait dévolue la direction de toutes les forces combinées des alliés. Pour chaque nation, le sujet était d'un grand intérêt, nous dit l'écrivain, car la puissance qui serait choisie pour commander devait être estimée comme prééminente par les millions de Chinois et toutes les nations orientales. Il s'agissait d'un choix plus délicat et plus difficile que le placement, selon le rang, dans un banquet de diplomates. Aussi bien cette question ne pouvait se solutionner d'une façon satisfaisante sans le consentement du Japon qui avait en Chine de puissantes forces militaires. Or, l'Allemagne n'hésita pas à employer les moyens les moins avouables pour se saisir de la direction des troupes internationales. Elle s'empressa de dépêcher le général Waldersee comme la tête capable qui devait diriger la situation. Il était un des chefs militaires les plus âgés et les plus expérimentés sans doute, et semblait avoir des titres pour passer avant ses collègues plus jeunes. Mais, ce qui scandalisa le Japon, ce fut les moyens qu'employa l'Allemagne pour arriver à ses fins. Le général quitta Berlin avec la mission expresse de prendre le commandement des troupes internationales. Le ministre du Japon à Berlin n'avait jamais consenti à ce choix, et, malgré ce refus, le gouvernement allemand affirma que le Japon avait accepté la proposition. Or, voici sur quoi était basée cette affirmation. A un banquet offert à Tokio, le ministre d'Allemagne fit part accidentellement au vicomte Aoki, ministre des Affaires étrangères, de son embarras au sujet de la nomination du chef des troupes alliées, et lui fit remarquer que le général Waldersee serait, vu son âge et son expérience, un chef compétent. Aoki répondit à cette remarque par un « oui » qui n'était qu'une expression de courtoisie et de politesse à l'égard de son distingué collègue, et oublia l'incident. Jamais il ne lui serait entré dans l'esprit qu'une simple monosyllabe donnée, non comme réponse à une demande, mais comme approbation à une simple remarque fortuite, à un dîner, pût tenir lieu d'un consentement officiel du Japon à ce que l'Allemagne prît en Chine le commandement des forces alliées. Il fallut cependant, sur ce mot, en passer par là. Ne voilà-t-il pas un bel échantillon de la fourberie germanique et de la façon dont cette puissance a eu l'habitude de traiter le Japon, que toujours, d'ailleurs, dans le passé, elle a regardé comme une nation inférieure !

Les dernières négociations qui viennent d'avoir lieu entre MM. Lansing et Ishii ont démontré clairement que c'est l'Allemagne qui, au Mexique, souleva l'antipathie entre Tokio et Washington. Elle s'ingénia pour répandre la rumeur que les Japonais installés au Mexique acquerraient des concessions pour en faire des bases de guerre contre les États-Unis. Aussi bien les mémoires de M. Gérard, *Mes quatre ans en Allemagne*, montrent jusqu'à l'évidence que la diplomatie allemande eut pour but constant de persuader à l'Amérique que le Japon était une menace pour elle. Insinuer des intrigues nipponnes était un de ses moyens favoris. Est-il étonnant que, jusqu'à la découverte de ce petit jeu tudesque, les États-Unis aient tenu le Japon en suspicion ? Voilà, ajoute M. Takegoshi, des faits que nos germanophiles ne doivent pas oublier.

*
* *

Un curieux article de la revue japonaise *Kokoncho* critique sévèrement le corps professionnel nippon de ce que, ayant reçu du gouvernement l'ordre de créer un système de philosophie nouveau, il n'y a pas encore réussi et persiste à chercher des idées et des formules dans Kant et dans Hégel. Indociles aux ordres de l'État, les professeurs continuent à savourer le plaisir de retrouver la pensée orientale, dont ils ne peuvent se détacher, dans les théories à couleurs scientifiques des philosophes allemands. En effet, combien exacte est la parole de M. Inouye, professeur de philosophie à l'Université impériale de Tokio, prononcée en juin 1914, la veille de la guerre : « Les enseignements du grand sage chinois (Confucius) sont si largement répandus et si profondément enracinés au Japon qu'ils doivent être considérés comme une partie intégrante de la culture japonaise elle-même. » Or, le confucianisme japonais a été de longs siècles, et l'est encore aujourd'hui pour la majorité, celui du philosophe panthéiste chinois Chu-Hi, en japonais Shushi, dont j'ai déjà eu précédemment l'occasion de parler. On connaît quelques-uns de ses principes : l'éternité de la matière comme dogme fondamental ; absence d'idée de création : le monde a toujours existé et existera toujours, roulant dans un cercle d'éternelles évolutions successives à rythme binaire : chaos, épanouissement, chaos.

La forme et la matière, le Li et le Ki, sont les deux principes constitutifs des êtres. La première, source universelle de la vie, de la sensation, de l'intelligence et des cinq vertus morales, illimitée, nécessaire, aveugle, inconsciente, espèce de Fatum antique ; la seconde, masse gazeuse, aériforme, source de la diversité des êtres, pouvant devenir sensible, indispensable comme point d'appui à son co-principe Li et éternelle comme lui. L'évolution des mondes débute par le « Grand Calme » où tous les éléments subtils de la matière sont au repos ; mais voici que, sous l'action vivifiante du principe actif Li, le « Grand Vide » commence son œuvre de transformation successive. Les lettrés chinois, qui rejettent la pensée du néant absolu et identifient le non-être avec le « Grand Vide », désignent par ce dernier l'état de la matière universelle au moment où ses atomes sont à tel point dispersés qu'ils ne peuvent être perçus par les sens. Il y a donc à leurs yeux identité du non-être et de l'être. Cette transformation de la matière, cette genèse des êtres et des mondes et leur évolution se font par des mouvements réguliers et peuvent se comparer à la congélation et à la fonte, dans l'eau, d'un bloc de glace.

Le Li, considéré maintenant sous le point de vue de la formation prochaine des êtres, est encore appelé Tai-Ki, qui devient l'ensemble des énergies de la masse universelle, la cause formelle prochaine du monde dans chacune de ses parties. Il n'est aucun être physique ou moral qui ne soit informé du « Tai-Ki » et ne le possède dans son intégralité. Il est en tout et cependant garde son unité : Chu-Hi le compare à la lune « qui éclaire la nuit ; elle est au ciel, et lorsqu'elle répand sa douce lumière sur les fleuves et les lacs, on la voit reflétant partout son disque sans que l'on puisse dire pour cela que la lune est divisée et perd son unité » (1).

Aussi bien le bouddhisme, qui a pétri le cerveau nippon autant que le confucianisme, corrobore encore ces idées panthéistiques, car pour lui, en dehors du non-être, il n'y a rien de réel, tout n'est qu'illusion ; ce qui revient encore à identifier l'être avec le non-être.

Or, ne vous semble-t-il pas qu'ici nous nagions en pleines idées hégéliennes, aussi est-il aisé de comprendre que les philosophes japonais soient tout heureux de s'attarder aux élucubrations de ce grand bateleur de la pensée. Comme ils doivent être satisfaits de constater que Hégel, du point de vue intellectualiste comme le confucianisme, comme le bouddhisme, nie la valeur du principe de contradiction en traitant de la notion de l'être et identifie par le fait l'être et le non-être, ce qui est le principe de son panthéisme. Voici comment, dans sa *Logique*, il expose son argumentation : « Etre est la notion la plus universelle, mais par cela même la plus pauvre et la plus nulle. Etre blanc, être noir, être étendu, être bon, c'est être quelque chose : mais être sans détermination aucune, c'est n'être rien, c'est ne pas être. *L'être pur et simple équivaut donc au non-être.* Il est à la fois lui-même et son contraire. S'il n'était que lui-même, il demeurerait immobile, stérile ; s'il n'était que le néant, il serait synonyme de zéro, et, dans ce cas encore, parfaitement impuissant et infécond. C'est parce qu'il est l'un et l'autre, qu'il devient quelque chose, autre chose, toutes choses. La contradiction

---

(1) Cf. : *Chu-Hi*, par le P. Le Gall, S. J.

même qu'il renferme se résout dans le devenir, le développement. Devenir, c'est à la fois être et n'être pas encore (ce qu'on sera). Les deux contraires qui l'engendrent, l'être et le non-être, se retrouvent en lui, fondus, réconciliés. Une nouvelle contradiction s'en dégagera, qui se résoudra en une nouvelle synthèse et ainsi de suite, jusqu'à l'avènement de l'idée absolue » (1).

Or, il n'est pas difficile de se rendre compte que cet argument n'est qu'un paralogisme. Pour en saisir le vice il suffit de le mettre en forme :

L'être pur est indétermination pure,
Or l'indétermination pure est pur non-être,
Donc l'être pur est pur non-être.

Nous remarquons ici que le terme moyen : indétermination pure, au lieu d'avoir le même sens dans la majeure et la mineure, est pris dans deux sens différents. Dans la majeure il signifie l'absence de toute détermination générique spécifique ou individuelle, mais non la négation de l'entité réelle ou idéale qui transcende cette détermination, tandis que dans la mineure l'indétermination pure a les deux sens à la fois, ce qui aboutit à ce sophisme : « L'être pur est l'être indéterminé. Or, l'être indéterminé est pur non-être. » La fausseté de cette mineure apparaît ainsi visiblement (2).

---

(1) Cf. Hégel, traduction de A. Vera, 2ᵉ édit., § 85, t. I, p. 383-412.
(2) Cf. P. Garrigou-Lagrange, *Dieu, son existence, sa nature*, c. II. G. Noël, *la Logique de Hégel*, Zigliara, *Summa philosophica*, t. I, Critica.

Aussi bien comment le devenir pourrait-il sortir de cette identification des contradictoires : « prétendre que l'être et le non-être s'identifient, c'est admettre l'éternel repos, plutôt que le mouvement éternel. Il n'y a rien, en effet, en quoi se puissent transformer les êtres, puisque tout est dans tout. » (*Aristote*, iv, *Met.* c. v.)

Les professeurs de philosophie japonais, qui désirent satisfaire leur ministère de l'Instruction publique en quête d'une philosophie nouvelle, j'entends, différente de la philosophie bouddhique, confucianiste et panthéistique allemande, dont il semble vouloir se débarrasser, devraient essayer de faire connaissance avec la grande philosophie chrétienne, la philosophie traditionnelle qui ne sera pas nouvelle, mais qui est éternelle (*quasi perennis philosophia*), la seule que le Japon n'ait pas étudiée. Ils y apprendront à distinguer l'être du non-être, à ne pas confondre la créature avec le Créateur, à asseoir la morale sur un fondement stable et à donner un sens à la vie de l'homme. Les professeurs japonais ont là une vaste mine à exploiter, dans laquelle, s'ils savent faire des recherches patientes, avec les méthodes appropriées, ils pourront fort bien trouver un système solide qui répondra aux desiderata de leur gouvernement, et ne manquera pas d'avoir une influence souverainement bienfaisante sur l'esprit de tous leurs concitoyens qui, de bonne foi, recherchent la vérité.

CHAPITRE XXII

Intrigues allemandes ; Titcherine fait des avances à Tokio ; l'intervention est décidée malgré l'opposition ; déclaration de désintéressement ; difficultés intérieures ; le Japon et les Alliés en Sibérie, premier succès. — Tokio et Washington. — Une séance de littérature nippone à Paris ; poésie et théâtre du vieux Japon.

12 Septembre 1918.

Le cabinet Tera-Uchi continue à remplir loyalement et avec prudence ses devoirs à l'égard de la coalition antigermanique. Les écueils dont sa route est hérissée sont dangereux. C'est en particulier la fameuse organisation de propagande teutonne en Sibérie et en Chine qui a son centre à Irkoutsk et dont les espions établis à Moukden, Daira, Tientsin, Péking et Shanghaï s'efforcent par tous les moyens d'atteindre un triple but : aviver les dissentiments entre le Japon et l'Amérique d'un côté, et la Chine de l'autre ; soulever des bandits contre les résidents nippons ; faire opposition aux armées tchéco-slovaques, en grossissant le nombre des troupes bolcheviks.

XXII. — L'INTERVENTION EST DÉCIDÉE

Ce fut aussi la perspective des avantages économiques que Titcherine faisait briller aux yeux des Japonais, à la veille de leur intervention. Il en fait part au Congrès des Soviets en ces termes : « Nous sommes prêts à donner aux Japonais la possibilité de prendre une part très grande à notre vie industrielle et commerciale. Nous sommes prêts, si du moins la Chine donne son consentement, à renoncer à nos droits sur une partie de la ligne du chemin de fer oriental chinois et à vendre au Japon la branche sud de cette ligne, de même qu'à faciliter l'importation des produits japonais en Russie. Nous sommes également disposés à renouveler notre traité de commerce et notre convention concernant la pêche avec le Japon, les poissons russes étant un des principaux articles d'alimentation de ce pays. Nous sommes à ce sujet en rapports officieux avec le gouvernement de Tokio. » Il est clair, d'après cette dernière phrase, que l'attrait fut violent. Le mirage sans doute était séduisant, mais le clair regard japonais sut en découvrir le leurre.

Aux dangers du dehors viennent se joindre les difficultés intérieures. L'opposition contre le Cabinet est toujours vivace par ce vieux motif qu'il est un ministère recruté en dehors des partis, contre l'opinion de la majorité, et soutenu par les « Genro ». S'il a réussi en avril 1917 à obtenir 60 voix de majorité, cet avantage n'était pas suffisant pour lui assurer une vie sans heurts. L'agitation du parti progermain hostile à l'intervention en Russie ne fait qu'aggraver cette tension politique qui ces jours-ci s'est manifestée à Tokio par des désordres assez graves. Le *Kokumin Shimbun* annonçait vers le 27 août que le président de la Chambre des députés avait insisté auprès du comte Tera-Uchi et de M. Goto pour qu'ils donnassent leur démission et que le chef du Cabinet et le Ministre des Affaires étrangères auraient répondu qu'ils étaient prêts à le faire dès que les troubles auraient cessé. Nous souhaitons que ce Cabinet survive à cette bourrasque pour ce motif qu'il a eu le courage, malgré une opposition active et puissante, de décider l'intervention japonaise en Sibérie et que, par cet acte, il a non seulement bien mérité de l'Entente, mais de toutes les nations qui aspirent à se libérer du joug allemand.

Cette intervention, réglée en accord avec les États-Unis après mûres réflexions, vient à un moment des plus favorables pour accroître en Allemagne la crainte de la défaite. On sait avec quelle hauteur de vue et quel désintéressement le gouvernement de Tokio s'est résolu à apporter sa coopération militaire en Sibérie. Dans sa déclaration du 5 août, il a su s'élever à la hauteur de Wilson lui-même.

En voici d'ailleurs le remarquable texte :

« Le gouvernement du Japon, animé de sentiments de sincère amitié à l'égard du peuple russe, a toujours eu l'espoir et la confiance les plus vifs que l'ordre se rétablirait promptement en Russie et que la vie nationale russe reprendrait son cours vigoureux en toute indépendance. Les preuves abondent à l'heure actuelle, que, profitant de l'impuissance et de l'état de désordre dans lesquels la Russie se trouve aujourd'hui temporairement placée, les Empires centraux européens consolident les emprises sur ce pays et étendent sans cesse leur action vers les possessions russes d'Extrême-Orient. Ils apportent avec persistance des entraves au passage des troupes tchéco-slovaques à travers la Sibérie.

« Dans les forces qui luttent aujourd'hui contre ces vaillantes troupes, on enrôle couramment des prisonniers allemands et austro-hongrois qui virtuellement s'arrogent le commandement.

« Les troupes tchéco-slovaques, qui aspirent à conquérir pour leur race une existence libre et indépendante et qui épousent loyalement la cause commune des Alliés, ont légitimement droit à la sympathie et à la considération des cobelligérants auxquels leur sort ne cesse d'inspirer de profondes préoccupations.

« En présence des dangers que les Allemands et les Austro-Hongrois font actuellement courir aux troupes tchéco-slovaques en Sibérie, les Alliés ont naturellement senti qu'ils ne pouvaient pas envisager avec indifférence la malencontreuse tournure prise par les événements.

« Un certain nombre de leurs troupes ont déjà reçu l'ordre d'aller à Vladivostok.

« Le gouvernement des États-Unis, comprenant également la gravité de la situation, a dernièrement soumis au gouvernement japonais des propositions tendant à une prompte expédition des troupes à l'effet de diminuer la pression à laquelle les forces tchéco-slovaques sont soumises.

« Le gouvernement japonais, vivement désireux d'agréer au désir du gouvernement américain, a décidé de procéder immédiatement au groupement de forces appropriées à la mission projetée. Un certain nombre de ces troupes vont être sans tarder envoyées à Vladivostok.

« En adoptant cette ligne de conduite, le gouvernement japonais conserve le désir inaltérable de développer des relations durables avec la Russie. Il affirme de nouveau sa politique déclarée qui est de respecter l'intégrité territoriale de la Russie et de s'abstenir de toute intervention dans la politique intérieure russe. Il proclame en outre qu'aussitôt que les objets ci-dessus mentionnés auront été atteints, il retirera toutes les troupes japonaises des territoires russes et laissera la souveraineté russe absolument intacte à tous les points de vue, soit politiques, soit militaires. »

Des deux partis qui luttaient pour ou contre l'envoi des troupes, les idéalistes, qui ont en vue la seule victoire du droit sur la force brutale, et les non-interventionnistes, qui ne regardent que leurs intérêts et leurs appétits, ce sont les premiers qui l'ont emporté. Ils se sont ralliés au drapeau étoilé des Etats-Unis. Ce fut là une victoire de l'idée sur la matière. Aussi bien ne sera-t-elle pas sans résultat même au point de vue pratique pour le Japon qui, par cet acte, acquiert pour ainsi dire une créance morale sur toutes les nations de l'Entente qui sauront, au jour prochain de la grande liquidation, y satisfaire généreusement.

Ce n'est pas que la lutte de ces deux partis soit terminée et que l'opposition ne continue pas à entraver d'une façon trop efficace l'épanouissement de l'effort japonais qui, d'après les dernières nouvelles, semble limité aux deux rives de l'Oussouri et à la garde du chemin de fer de Karbin à Manchouria. Dans ces conditions, les forces tchéco-slovaques isolées à l'ouest de Baïkal ne pourront guère recevoir une aide active des troupes japonaises. Il faut croire que le gouvernement de Tokio parviendra à maîtriser les difficultés intérieures persistantes qui l'empêchent de réaliser adéquatement son plan d'action. Les troupes françaises, anglaises, américaines et italiennes récemment débarquées à Vladivostok sont prêtes à lui prêter main-forte, mais ce serait une perte de temps peut-être irréparable, disait ces jours-ci le *Daily Mail*, si les alliés ne recevaient pas l'appoint d'au moins 44 divisions japonaises avant la fin de l'hiver. Intervention rapide d'une puissante armée japonaise, telle est la condition du succès dans l'œuvre de régénération de la Russie.

L'effet des premiers engagements des troupes japonaises et alliées n'a pas tardé à se faire sentir dans le monde slave. Coup sur coup, nous apprenons la formation de deux gouvernements antibolcheviks, l'un à Samara, ville de 100.000 habitants de la Russie d'Europe, où 200 constituants se sont groupés pour prendre en main la direction du pays, et l'autre à Irkoutsk, sur le Baïkal, où M. Goutchkoff, l'ancien ministre de la guerre du Cabinet Lvow, formerait un gouvernement central pour toute la Sibérie. D'autre part, on annonce au 28 août que Vladivostok est gouverné par le zemstvo, qui serait reconnu par les représentants consulaires et serait opposé aux généraux Horvat et Pleskhof. Il faut espérer que bientôt l'union s'établira entre tous ces gouvernements provisoires qui luttent contre l'anarchie. La Russie ne trouvera son salut que dans l'entente de ses concitoyens. C'est vers ce but que tend l'effort des contingents alliés unis aux forces tchécoslovaques. Les dernières batailles sur l'Oussouri, où les Japonais supportèrent le plus gros choc de l'ennemi, ont été couronnées de succès, heureux prélude d'une longue campagne qui sera âpre, mais glorieuse et féconde.

*
* *

Un des mobiles qui poussent si violemment l'opposition contre le Cabinet Terauchi, c'est la crainte des États-Unis, de l'accroissement colossal de ses armées et de sa marine : sentiment soigneusement entretenu, comme nous l'avons vu, par la propagande et l'espionnage allemand. Or, il n'est pas sans intérêt d'écouter comment le Dr E. Uyehara, professeur à l'Université de Meiji, s'efforce de calmer ses concitoyens dans un tout récent article de revue, en leur montrant l'inanité de cette crainte.

L'auteur, recherchant d'abord la cause de ce développement énorme de l'armée et de la flotte, remarque qu'en Amérique même il y a deux opinions à ce sujet : l'une l'attribuant à l'influence des fabricants de munitions et aux capitalistes, l'autre aux besoins réels de la guerre mondiale. C'est à cette dernière que se rattachent le président Wilson et la grande majorité du peuple américain. Mais le problème le plus inquiétant est celui de savoir ce que le Japon doit attendre des États-Unis après la guerre. C'est là une question des plus troublantes pour le parti japonais ombrageux qui semble se convaincre de plus en plus que, puisque l'Amérique peut sortir de cette guerre plus puissante que tout autre des belligérants, elle cherchera à étendre son emprise sur le Pacifique. Aussi bien, grâce à sa préparation militaire et à ses richesses, ne lui sera-t-il pas aisé d'y réussir ? Or, M. Uyehara répond avec justesse qu'il n'est pas douteux que les États-Unis feront des efforts dans ce sens, et c'est leur droit, mais qu'ils aient l'intention d'arriver à ce résultat par voie d'agression et par les armes, il ne le croit pas, et voici quelles bonnes raisons il en donne. Le but de l'Amérique en se lançant dans la guerre n'est-il pas d'écraser le militarisme dont l'Allemagne est dans le monde le plus grand représentant? D'ailleurs, l'activité de la « Ligue pour la paix », formée par les professeurs, les hommes d'affaires, et soutenue par le parti chrétien aux États-Unis, prouve que la Confédération n'a pas de sympathie pour le militarisme ni l'impérialisme. Il n'est pas douteux que la victoire des alliés ne soit l'aube d'une longue paix pour le globe.

A de nombreux indices, on peut prévoir quel sera le sentiment du public américain après la guerre, mais en particulier à ce fait que les idées du président Wilson deviennent de plus en plus populaires, et aussi à l'échec de M. Mitchell, dans sa nouvelle candidature à la mairie de New-York, précisément parce qu'il était soupçonné de nourrir des desseins militaristes. L'auteur répond ensuite à quelques objections de ses concitoyens. Pourquoi les États-Unis ont-ils été si fortement opposés à l'envoi de troupes nippones en Sibérie? Que signifient tous ces capitaux qu'ils y répandent à profusion? A la première question, le professeur montre que l'Amérique ne s'est opposée à l'action japonaise que parce qu'elle a jugé que c'était la politique la plus utile aux alliés. A la seconde, il trouve étrange qu'on refuse aux États-Unis le droit de placer leurs capitaux là où ils peuvent.

Il conclut avec la persuasion que la fin de la guerre

sera la fin du militarisme agressif, aussi bien pour l'Allemagne que pour les autres nations, et que tout Etat qui, dans l'avenir, adopterait une politique militariste sera renié et écrasé par les autres peuples du globe. Que le Japon se tienne donc en paix ; la nombreuse armée et la puissante marine américaines ne seront une menace pour personne. Les Etats-Unis ne pourront, même si leurs sentiments actuels, changeaient, aller à l'encontre de la volonté générale des nations.

*
* *

Le japonisme se répand de plus en plus parmi nous ; non tant les japoneries modernes que le Japon ancien, le Japon médiéval dont on a dit avec raison que par sa civilisation, sa littérature et ses arts, il est éternel comme la Grèce, et que, comme la Grèce antique, il appartient à l'humanité. Chaque jour nous apporte quelque nouvelle brochure sur ce pays. Mais le livre ne suffit plus, voici que la scène commence à prêter son concours. L'Association « Art et liberté » a donné, le mois passé, une séance de littérature japonaise dont le programme fut assez varié si ses matières n'ont pas été toujours bien choisies.

La lecture d'un passage du *Rituel de la grande purification* était plutôt étrange pour un public non préparé, d'autant que la traduction qui a été donnée de cette œuvre de la période archaïque était par endroits inintelligible. *Le lièvre blanc d'Inaba*, épisode tiré du Kojiki, la Bible du shintoïste (xe siècle), était plus à la portée de l'auditoire, mais d'un goût douteux. C'est une fable où les acteurs sont des dieux qui par certains côtés rappellent les divinités de l'Olympe. Son dénouement toutefois n'est pas complètement dépourvu de moralité.

Sei Shonagon, dame de cour (fin du xe siècle), eut ensuite les honneurs de son « Makura no soshi », « carnet de chevet ». C'est un recueil de réflexions, de pensées, d'observations, écrites sans suite, au hasard de l'impression du moment. Il est considéré comme un chef-d'œuvre, tant par ses matières qui nous dépeignent toute la civilisation du xe siècle que par l'art délicat qui souvent enveloppe la profondeur de la pensée. J'ai déjà précédemment, dans ces notes, eu l'occasion de parler de Sei Shonagon et de citer quelques-unes de ses maximes (1).

La lecture de haïkaïs des xvie et xviie siècles intéressa vivement. Ce genre lyrique est tout particulier au Japon. Son essence consiste en brièveté et en puissance d'évocation. Ses poésies ne sont ni des épigrammes ni des pensées. Il n'y a rien, ni en grec, ni en latin, ni en francais, qui puisse leur être comparé. En un tercet de 17 syllabes : le premier vers de 5, le second de 7 et le troisième de 5, le haïkaïjin, le poète spécialiste en ce genre, doit évoquer une scène, brosser un paysage, communiquer une série d'émotions ou plutôt donner trois touches, trois sensations qui doivent en suggérer beaucoup d'autres apparentées.

Basho (1644-1694), qui employa son génie à cultiver ce genre poétique, se trouvait un jour avec Kikaku, son élève, à la campagne, et voici que ce dernier, inspiré par la vue d'une libellule rouge qui volait sur la prairie, composa ce haïkaï :

(1) Voir p. 144.

> *Aka tombo*
> *Hane wo tottara*
> *To-garashi*
>
> A une libellule rouge
> Si vous enlevez les ailes,
> Voilà un piment !

La pensée était dure malgré son éclat. Or, le maître le reprit aussitôt et corrigea ainsi :

> *To-garashi*
> *Hane wo tsuketara*
> *Aka tombo*
>
> A un piment
> Si vous placez des ailes,
> Voilà une libellule rouge !

Les trois haïkaïs suivants, attribués à Shôka, sont curieux et célèbres parce qu'ils révèlent le caractère des trois grands hommes d'État japonais qui transformèrent le régime féodal en monarchie absolue : Nobunaga, Hideyoshi et Iyeyasu.

> *Nakazareba*
> *Koroshite shimae*
> *Holotogisu*
>
> S'il ne chante pas
> Finissons-en, tuons-le
> Le Coucou.

> *Nakazareba*
> *Nakashite mishô*
> *Holotogisu*
>
> S'il ne chante pas
> Essayons de le faire chanter
> Le Coucou.

XXII. — L'INTERVENTION EST DÉCIDÉE

Nakazareba
Naku made mato
Holotogisu

**S'il ne chante pas
Patientons jusqu'à ce qu'il chante
Le Coucou.**

Nobunaga arrivait à ses fins par la violence, Hideyoshi par l'adresse, et Iyeyasu par la patience.

Le haïkaï, le tercet, n'est en somme qu'une condensation du tanka (poésie courte de 37 syllabes en 5 vers) dont les 2 derniers vers ont été supprimés.

Voici un tanka du recueil *Hiaku nin Isshu* :

Okuyama ni
Momiji fumi wake
Naku shika no
Koe kiku toki zo
Aki wa kanashii.

Dans l'intérieur des montagnes
Quand on entend
Bramer le cerf
Qui foule les feuilles des érables
Que l'automne est triste !

Le haïkaï est donc une des manifestations typiques de l'art nippon, dont on connaît le caractère de concentration hardie. Il est en poésie ce que le croquis japonais est en peinture ; en trois coups de pinceaux audacieux, il suggère tout un paysage d'automne :

Sur une branche dénudée
Un corbeau se dresse :
Approche de l'hiver.

ou bien toute une scène où éclate la profonde tendresse japonaise pour les fleurs :

> *Asagao ni*
> *Tsurube torarete*
> *Morai-mizu.*

> Par des liserons
> Le seau du puits est arrêté.
> De l'eau, s'il vous plaît !

Allant un matin à son puits, Chiyo, la poétesse, s'aperçoit que des liserons se sont enroulés autour de la corde qui soutient le seau. Que faire ? Détruira-t-elle ce délicat assemblage ? elle ne l'ose et va demander de l'eau à la maison voisine.

Ou encore l'ivresse infinie de la contemplation de la nature :

> O lune d'argent,
> Je désire revivre
> Pin sur la cime des monts.

Le haïkaï est une note bien touchée d'un luth d'or, dont les harmoniques résonnent longuement dans notre âme et l'émeuvent.

Il me reste à dire un mot sur la fin du programme : un kyogen (farce), appelé *Sannin gatawa*, « Les trois invalides », et un fragment du drame intitulé : *Chuhsingura*, « Trésor des vassaux fidèles », dont le fond n'est autre que le fameux épisode de la vengeance des 47 ronins dont j'ai déjà parlé précédemment (1).

Le premier manque de relief, sa donnée est banale ; le second est tragique par le sujet qu'il met en scène.

(1) Voir p. 60.

Mais cette œuvre fait partie du répertoire du drame populaire dont la qualité est inférieure. Au-dessus de ce genre vulgaire plane le Nô, le drame lyrique dont le plein épanouissement fut vers le milieu du xve siècle, sous les Ashikagas, qui continua à fleurir sous les Tokugawas, et, de nos jours encore, charme l'aristocratie intellectuelle de Tokio. On dit même que, sous peu, nous verrons le Nô apparaître sur nos scènes parisiennes. Sera-t-il compris et apprécié ? Cela est douteux. Il y a une telle distance entre notre mentalité, nos mœurs, et celles qu'il fait revivre, qu'il est à croire que seuls les initiés pourront en saisir le sens, la délicatesse et la profondeur. Néanmoins, la chose vaut d'être tentée, car, par la beauté de la langue poétique, la hauteur de la pensée, le charme de l'art, il semble bien que le Nô, qui est la production la plus originale du Japon, mérite d'être considéré comme classique à l'égal des chefs-d'œuvre du théâtre grec, avec lequel il a de nombreuses ressemblances, surtout dans ses formes anciennes.

CHAPITRE XXIII

Le paysage japonais. — Le Cabinet Kei-Hara. — Progrès vers le régime parlementaire. — Le parti germanophile au Japon. — Les idées de M. Yumoto sur les fondements de la justice internationale. — L'attitude que doit garder le Japon pendant les tractations de la paix. — Une tempête dans la mer de Chine.

30 Octobre 1918

Dernièrement, je passai quelques jours sur la côte normande, à Houlgate, près de Trouville. J'ai eu l'heureuse fortune d'y rencontrer un de mes bons amis, ancien attaché d'ambassade, qui résida longtemps à Tokio. Comme il aime le paysage marin, nous nous donnâmes rendez-vous, un après-midi, dans un but de promenade qui nous permettrait d'échanger à loisir nos idées sur les événements actuels d'Extrême-Orient. Nous fîmes l'ascension de la butte qui domine la ville. On s'engage dans cette route de la « corniche » qui serpente sous bois sur les flancs du coteau. A mesure qu'on s'élève, le paysage se découvre à travers le feuillage : des lambeaux de mer, diaprée sous le soleil, étincellent çà et là ; quelques voiliers au loin se penchent comme des oiseaux qui planent. L'horizon se découvre de plus en plus. Voici tout un pan de la côte dans une éclaircie de branchages dentelés de sapins : Cabourg, Ouistreham et, au loin, fuyant, le rivage embrumé de Courseulles et d'Arromanches. Arrivés au sommet, au pied du sémaphore dont les agrès tremblent sous la brise comme une mâture de navire, c'est le panorama complet : à gauche, le Cotentin, et, à droite, les falaises sauvages des « Vaches noires », Trouville, Le Havre et ses rochers luisants. Il y a là, descendant en pente douce vers les falaises, de grasses et fraîches prairies silencieuses, où paissent quelques vaches normandes qui, de temps à autre, le cou tendu, mugissent à la haute mer.

Nous nous assîmes sur le bord du fossé qui limite la grande prairie du sémaphore, et mon aimable compagnon de me faire cette remarque : « Ce spectacle ne vaut-il pas les paysages marins si vantés de l'empire du soleil levant ? Brieux, dans son voyage au Japon, s'arrête au site célèbre de Miyajima, sur la mer intérieure, connu de tous les voyageurs, et écrit sur ses notes : « De la douceur, de la douceur, de la douceur ! Qui-
« conque n'a pas vécu à Miyajima ne sait ce que c'est
« que la douceur de vivre. J'excepte seulement ceux
« qui ont vécu sous la Grèce de Périclès, et encore ! »
Dites-moi, est-il quelque chose de plus doux que ce coin de France, que cette plage ? Ne mérite-t-elle pas d'être comparée à Miyajima et célébrée avec les mêmes accents ?

— Il semble bien qu'il soit difficile de trouver quelque part une marine aussi délicate, aussi pleine de fraîcheur, aussi noyée de douceur que celle que nous admirons ici. Cependant, n'est-il pas un point sur lequel notre nature offrira toujours quelque infériorité, je veux dire l'atmosphère, sa transparence lumineuse ? A ce sujet, Brieux a peut-être raison de prétendre que seule la Grèce peut se vanter d'égaler les paysages nippons. L'air au Japon est si lumineux et léger que tous les objets se détachent dans le lointain, sur l'azur éclatant du ciel, comme certaines peintures de vases étrusques. Une telle limpidité ne se rencontre guère que sous le ciel de l'Attique, où le navigateur, au détour du cap Sunium, pouvait apercevoir à plusieurs lieues l'Acropole dans tous ses détails et distinguer jusqu'à l'aigrette de la célèbre Pallas du Parthénon. C'est précisément cette particularité qui a contribué à façonner l'œil de l'artiste nippon et sa palette et à créer l'art si original et si délicat de la peinture japonaise dont l'Occident s'est arraché les chefs-d'œuvre.

— Vous avez raison de parler au passé. Depuis quatre ans, l'Occident a quelque peu délaissé l'art nippon. Cette préoccupation n'a pas complètement cessé, sans doute. Le beau revendiquera toujours ses droits ; il est un reflet de Dieu. Mais ne vous semble-t-il pas qu'on s'est soucié davantage de l'effort japonais aux côtés des alliés, et que ce qui nous importe le plus aujourd'hui, c'est la marche de la diplomatie nipponne à l'égard de l'Entente ?

*
* *

— En effet, reportons après la victoire, dont nous saluons déjà l'aurore, le souci du beau artistique et de ses saines joies. Aujourd'hui, la question du nouveau Cabinet Kei-Hara est de tout premier plan et attire l'attention générale, encore que depuis les victoires continues des alliés, inaugurées le 16 juillet, la volte-face de la Roumanie, la détresse de la Turquie, la capitulation de l'Autriche et l'isolement de l'Allemagne, prélude de son effondrement définitif, il n'y ait plus à attacher au front oriental la même importance qu'au temps des victoires de Ludendorff. Que pensez-vous de ce nouveau Cabinet?

— Il ne m'a point étonné. Le ministère Tera-Uchi, formé en octobre 1916, s'était anémié par le départ de son ministre des Affaires étrangères, M. Motono, dont quelques semaines après, d'ailleurs, nous apprenions la mort. C'est une remarquable figure de diplomate qui disparaissait, presque française. Il parlait notre langue avec aisance. Bibliophile, il aimait notre littérature, dont il causait volontiers avec ses visiteurs de l'avenue Marceau, quand il était ambassadeur à Paris. Le départ de M. Motono rendit la situation du Cabinet Tera-Uchi des plus précaires. Le maréchal, malade lui-même, ne voulut pas assumer la charge des Affaires étrangères et la confia à un administrateur de haute valeur sans doute, mais ignorant de la diplomatie, ce qui n'était pas fait pour consolider son Cabinet, déjà si redoutablement atteint tant par la nature de ses éléments constitutifs que par les troubles populaires occasionnés par sa politique intérieure. S'il nous est difficile, à distance, d'apprécier cette dernière qui causa la chute de Tera-Uchi, on doit cependant lui rendre ce témoignage que sa politique extérieure a été remarquablement conduite et laissera un lumineux sillon dans les annales de l'empire. L'accord « Isshii-Lansing », qui, tout en sauvegardant l'intégrité de la République chinoise, reconnaît que le Japon y possède des intérêts particuliers, sans porter atteinte au grand principe de la porte ouverte ; accords militaires et navals du mois de mai avec la Chine, par lesquels on convint que les troupes japonaises auraient la faculté de pénétrer sur le territoire chinois et d'utiliser les voies ferrées de Mandchourie ; enfin, et surtout, la décision de l'intervention du Japon en Sibérie, malgré l'opposition systématique de tout un clan, intervention dont l'esprit de désintéressement et l'idéal ne le cèdent en rien à ceux de M. Wilson lui-même ; tel est le bilan du Cabinet démissionnaire, héritage lourd et fécond qu'a dû assumer le nouveau président du Conseil, M. Kei-Hara, leader du parti constitutionnel (Seyukai). Aussi, ce n'est pas sans une certaine défiance que les alliés voient surgir un Cabinet dont le titulaire aux Affaires étrangères, M. Uchida, est hostile à l'intervention japonaise en Sibérie et passe pour quelque peu germanophile. Ambassadeur en Russie, il a donné sa démission le 2 août pour conserver ses bons rapports avec Pétrograd. On prétend même que le ministre de la Guerre, M. Tanaka, est également noté comme peu favorable à l'intervention.

— S'il est vrai que ces deux membres du nouveau Cabinet ont quelque teinte d'opposition et qu'en les acceptant le trône ait voulu ménager le parti non-interventionniste menaçant, il faut considérer que le chef du Cabinet lui-même, M. Kei-Hara, bras droit du marquis Saionji, l'ami de la France, est à même de contre-balancer victorieusement les velléités d'obstruction, d'autant que M. Uchida, qui travailla activement à la réalisation de l'alliance anglo-japonaise ne peut logiquement agir contre l'Entente.

***

— Votre optimisme trouve toujours de bonnes raisons et excelle à considérer les choses par leur angle favorable. Aussi bien ce nouveau ministère ne vous a-t-il pas frappé par sa constitution même qui dénote un pas très accusé fait en avant vers le parlementarisme et la démocratie? C'est la première fois que nous voyons arriver un ministère aussi homogène, dont à peu près tous les membres sortent du même parti, le « Seiyukai », le parti constitutionnel, ennemi des « genro ».

— Cela est vrai ; toutefois, il semble que le pouvoir des « anciens » n'a encore rien à redouter si l'on considère que le général Tanaka, le ministre de la Guerre, est le représentant du prince Yamagata, le doyen des genro, et que le chef du Cabinet se rend bien compte qu'on ne peut se passer de leur autorité, vu le grand nombre de leurs partisans à la Chambre des pairs. Aussi bien le Seiyukai, qui veut la démocratie, ne possède encore que la minorité des voix : 160 contre 390. Le ministère devra donc demander sa majorité à d'autres groupes parlementaires. Une autre bonne note pour le chef du Cabinet, c'est qu'il est partisan d'une politique d'entente avec les Etats-Unis et qu'il accepte dans ses grandes lignes le programme Wilson. D'ailleurs, n'oublions pas que la haute direction de la politique étrangère a toujours été et se trouve toujours entre les mains de l'empereur et du vieux Sénat des genro, dont l'attachement aux alliés est à toute épreuve et qui sont prêts à nous accorder tous les sacrifices que nous leur demanderons pour parachever la victoire.

— C'est, sans nul doute, une bonne fortune pour les

alliés dans la gigantesque épreuve que subit l'Europe d'avoir trouvé comme autorité effective au Japon un empereur et un Conseil de régence qui, par leurs vues élevées et leur direction ferme des affaires extérieures, ont énergiquement soutenu les puissances de l'Entente. L'Europe n'appréciera jamais trop ce concours comme facteur de notre victoire sur l'Allemagne, concours d'autant plus méritoire qu'il a été maintenu indéfectible au milieu de difficultés intérieures formidables, soulevées par tout un clan anti-américain et germanophile. Ce parti s'est laissé éblouir par la politique machiavélique de l'Allemagne et par ses principes de monstrueux égoïsme. Il prétend encore que toujours la force a primé et primera le droit. Le marquis Okuma, qui lui, certes, n'est pas germanophile, puisque c'est sous son ministère que le Japon a déclaré la guerre à l'Allemagne, constate, dans un article récent publié par le *Kokumin*, avec regret, que, jusqu'à ce jour, toute la diplomatie internationale a été contaminée par la monstrueuse erreur teutonne et pense que, tant que nous n'aurons pas une organisation assez puissante pour exercer un pouvoir de répression efficace sur les relations internationales, ce monde continuera à voir le faible écrasé par le fort. « Les relations internationales, dit-il, ne sont pas conduites par les mêmes principes que les relations individuelles. Ce ne sont pas la moralité et la sincérité qui gouvernent la diplomatie des nations, mais l'égoïsme pur et simple. On considère comme un secret de la diplomatie de supplanter ses rivaux par toute ruse efficace. Depuis l'inauguration des lois internationales au temps de Grotius, on les a toujours foulées aux pieds au moment des conflits entre peuples, de telle sorte qu'à moins qu'une nation ait une richesse et une force militaire suffisantes pour soutenir ses prétentions et son autorité, elle doit avoir le dessous et subir la loi du plus fort. »

Par bonheur, les temps sont changés. L'horreur de ce principe antichrétien vient d'être mise en évidence par la brutalité allemande, et les peuples vont aviser à obliger toute nation comme l'individu à observer les règles de la justice et du droit naturel. Il s'agit de créer ce tribunal d'arbitrage international que réclame le comte Okuma, qui sera assez puissant pour empêcher le faible d'être écrasé par le fort et de rendre à chacun, quelque petit qu'il soit, le droit et la justice.

— A ce propos, n'avez-vous pas lu le remarquable article de M. K. Yumoto, paru tout récemment ? A cette question : dans quelle situation va se trouver le Japon à la fin de la grande guerre, il répond que, de l'avis de tous les hommes d'Etat japonais, son pays se trouvera dans une situation plus difficile qu'avant, et, pour éviter tous les écueils dont sa route sera hérissée, il ne voit qu'un chemin sûr, c'est l'établissement du grand principe de la justice internationale qui doit garantir le respect de toute nationalité. Voici comment il développe sa pensée : de même que la personnalité est le caractère dominant de l'individu, ainsi la nationalité est celui d'une race ou d'une nation. Mais de même que les droits de l'individu doivent être soumis au bien de la communauté, ainsi les droits des nations ne doivent point entrer en conflit avec le bien de l'humanité. Aussi les droits des nationalités ne doivent-ils être placés sur un pied égal dans tous les pays. Une nation doit avoir le même respect pour les droits des autres nations que pour les siens propres. L'erreur du passé a été que si les nations ont développé la moralité de l'individu, elles sont restées indifférentes pour la moralité des peuples. Le droit personnel ne peut être violé sous prétexte de nécessité, mais le droit national peut l'être et l'est souvent en réalité. La justice cependant ne doit pas être laissée à la merci de la force brutale. La moralité des nations ne doit pas être facultative, et la guerre poursuivra ses ravages jusqu'à ce que la justice règne en souveraine, car l'injustice provoquera toujours le conflit armé.

Si donc, continue l'auteur, les nations du globe s'unissent sur les bases de la justice, l'ennemi d'un membre quelconque de cette puissante ligue sera l'ennemi de tous. Voilà une pensée consolante pour les petits Etats. De fait, quel réconfort ne sentira pas chaque peuple de sentir qu'il n'est pas laissé seul aux prises avec les contempteurs du droit, mais que tous ses alliés le soutiennent ! Cela signifie que la victoire est certaine et que son existence comme nation est assurée aussi longtemps qu'il adhérera aux principes de la société des nations.

*
* *

M. Yumoto prévoit que le grand bouleversement qui va se produire dans la carte du globe à la fin de la guerre peut soulever des ambitions fatales à cet avènement de la justice internationale qu'il souhaite. Dans cette future délimitation de territoires, quelle attitude le Japon devra-t-il garder? Il devra s'en tenir à n'approuver que ce qui sera juste pour les nationalités, et sa meilleure politique pour lui-même est de n'avoir aucune ambition territoriale, mais de se tourner tout entier vers le développement de son industrie et de son commerce, et gagner la sympathie de ses alliés et amis par la poursuite de la justice.

— En vérité, voici des idées remarquablement droites et belles théoriquement, mais ne croyez-vous pas qu'il sera très malaisé d'obtenir une solution adéquate à toutes les difficultés au point de vue pratique? Espérons, cependant, que la sagesse des puissances de l'Entente qui auront fait triompher le droit saura élaborer une solution claire et pratique de ce grave problème, qui rendra à jamais impossible le retour d'une catastrophe semblable à celle dont notre génération aura été le témoin.

*
* *

— Nous voilà bien loin, cher ami, des réflexions artistiques qui commencèrent notre entretien. Cette gracieuse marine normande nous avait rappelé les beautés de la nature japonaise, et nous voici dissertant sur la Société des nations. Mais, n'y a-t-il pas au moins cette ressemblance entre les peuples et la mer, que tous deux sont parfois le théâtre de furieux ouragans? La crise que subit actuellement l'humanité n'évoque-t-elle pas ces grandes tempêtes équatoriales dont vous fûtes sans doute spectateur, comme moi, durant vos voyages en Extrême-Orient? Je me souviens qu'entre Saïgon et

Hong-Kong, nous nous trouvâmes enveloppés dans une
« queue de typhon ». Pendant plusieurs jours, sous un
ciel de suie, nous ne pûmes prendre « le point »,
voguant à l'aventure et fuyant vers le Sud, pour lutter
contre les courants sous-marins qui eussent été capables de nous jeter, la nuit, contre les récifs de ces parages. Le « Yarra » avait brisé une aile de son hélice, et,
au passage de chacune des vagues géantes accourues
des mers australes, tout son gaillard d'arrière, se dressant en escarpolette, perdait contact avec les eaux, et
l'hélice boiteuse, tournant à vide, imprimait à tout le
navire un frissonnement qui sentait le naufrage. Un
vent de Titan courbait la mâture comme des roseaux.
On n'entendait, de tous côtés, que des craquements
sinistres se mêlant aux voix lugubres des éléments
déchaînés. Le cinquième matin, cependant, une éclaircie se fit soudain. Le capitaine put préciser sa position.
Peu à peu, le vent se tut, les flots se calmèrent ; le soir,
nous étions en vue de Hong-Kong. Nous avancions sur
une mer toujours agitée et bruissante, mais le ciel rasséréné faisait entrevoir la fin de la tempête. Nous arrivâmes au port au soleil couchant dont les lumières
irradiées enflammaient ce ciel d'Orient comme en un
embrasement d'apothéose. Puisse la tempête qui sévit
actuellement parmi les nations se résoudre également
bientôt en une paix de raison qui sera le prélude du
règne définitif de la véritable fraternité humaine.

CHAPITRE XXIV

Les émeutes du riz en août 1918. — Après la victoire, le Japon à la Conférence de la Paix.

14 décembre 1918.

Quelques échos lointains nous étaient parvenus, peu avant la chute du Cabinet Tera-Uchi, des protestations séditieuses qu'avait soulevées au Japon la cherté de la vie. Mais il eût été difficile, sans les témoignages et les détails nombreux et circonstanciés que le dernier courrier nous apporte, d'en apprécier la gravité et d'en mesurer l'ampleur.

Durant ces trois dernières années, quoique le Japon se trouvât en dehors de la zone active de la guerre, il ressentit le phénomène de l'accroissement subit de la richesse dans certains milieux et de l'augmentation du prix des choses de premier usage, non compensée chez l'ouvrier par un supplément suffisant de salaire, d'une façon beaucoup plus sensible qu'en Europe. Le 8 août dernier, le boisseau de riz valait 9 yen (22 fr. 50) sur le marché de Fukugawa, qui est le premier de l'empire ; au détail, il se vendait à Tokio 2 fr. 50 le « sho », un peu plus d'un litre, c'est-à-dire quatre fois le prix d'avant-guerre. Aussi bien, beaucoup d'autres matières de première utilité avaient vu leur prix s'enfler plus dangereusement encore ; quelques-unes valaient cinq et même six fois plus cher, mais comme le riz est le fondement de la nourriture nationale, plus nécessaire à la vie nipponne que le pain en France, cette hausse subite, qui le rendait inabordable à la classe pauvre, produisit l'équivalent d'une famine. Le peuple se souleva d'autant plus impétueusement que les « nouveaux riches » menaient grand train et déployaient souvent un luxe scandaleux. Il n'y eut plus moyen de maintenir l'union entre le capital et le travail ; les liens se rompirent. La grève s'établit un peu partout : dans les filatures, les arsenaux, les maisons d'imprimerie, les mines de houille. La police elle-même cessa son service à Osaka pour obtenir une augmentation de traitement.

La misère avait atteint un degré extrême. Non seulement le petit ouvrier poussait son cri de souffrance qui allait se perdre au milieu des éclats de rire des profiteurs de la guerre en fête, mais la classe aisée vit dans son sein maintes tragédies, fruits de la disette et du désespoir. Des familles entières firent le hara-kiri, s'ouvrirent le ventre, préférant la mort à une vie qui manquait de dignité.

Dans un grand nombre de villes, les émeutes éclatèrent brusquement, les magasins et les habitations des riches furent attaqués et détruits, et cela ouvertement sans que la police pût y apporter le moindre obstacle. La foule défia même les troupes envoyées pour rétablir l'ordre. Elles furent obligées de charger baïonnette au canon. La classe moyenne s'unissait à la classe pauvre dans sa révolte. Pendant plus d'un mois, le pays entier se trouva dans un état de surexcitation voisin de la révolution. Plus de 1700 personnes furent tuées ou blessées, 7.000 arrestations furent opérées.

Voici comment M. Mayeda, dans un article récent, raconte l'origine de ces soulèvements qui seront connus dans l'histoire sous le nom d'émeutes du riz en 1918 : « Le 5 août au soir, cinq femmes de pêcheurs du village de Nishimizubashi, dans la province de Toyama, faisaient sécher leur poisson sur le rivage. Leurs maris, partis pour la Mandchourie comme soldats, les avaient laissées sans grandes ressources. La saison de pêche était maigre et le garde-manger vide, par suite de la hausse du riz. Un vapeur était à l'ancre à quelque distance de la côte, en train de charger des sacs de riz pour les transporter dans des centres où l'on pourrait payer les prix imposés. Ce riz était évidemment le produit de la récolte du pays en cette année, et il eût été tout naturel de le faire distribuer sur place aux pauvres qui ne pouvaient en acheter. A cette vue, les femmes, saisies de fureur, se précipitèrent à l'entrepôt : « Voyez, s'écrie une des mères, voilà un navire qui va emporter la nourriture que nous devrions mettre dans la bouche de nos enfants ! » Les cinq femmes, fidèles au signal, font un barrage pour arrêter le transport. En un instant, toutes les femmes de la localité, accourues, font cause commune et poussent des cris de colère et d'indignation. Puis on va prier le chef du village d'intervenir. Cette démarche n'obtint pas de résultat, mais les protestataires continuèrent à s'opposer avec la dernière énergie au chargement du navire. Enfin, une assemblée des notables du lieu fut convoquée qui décida que le stock de riz serait acheté avec les deniers publics pour nourrir les familles dans le besoin. »

Apprenant le succès des revendications féminines de Nishimazubashi, les ouvrières des villes voisines se soulevèrent également proférant des menaces et poussant le même cri : « Du riz gratuit pour les pauvres ! » Bientôt, toute la côte fut en insurrection et de nombreux actes de violence furent commis. Ici, les mères de famille assemblées refusent d'écouter le chef du village qui, monté sur une table, les harangue et essaye de les calmer ; elles se jettent sur lui et le traînent dans la rue. Ailleurs, dans un accès de fureur, elles se ruent sur un commis d'un grand marchand qui voulait leur faire entendre raison et le précipitent dans la rivière. La police voyant que la situation prenait une tournure d'extrême gravité se résolut à employer la manière forte qui eut pour résultat des collisions sanglantes.

Le 9 août, à Okayama, les manifestants pillent tous les marchands de riz et obligent les fortunés à venir au secours des indigents. Du 10 au 12, la violence règne à Nagoya, Kyoto et Kobe. La police est débordée. A Kyoto, les émeutiers se battent contre les soldats, il y a de nombreux morts et blessés. Les demeures des riches deviennent des cibles pour les projectiles de toute nature que lance la foule grouillante dans les rues. A Kobe, le peuple met le feu aux édifices d'un grand industriel, sur le bruit qu'il a gagné plus de 100 millions de yen dans des travaux de guerre. Tout est brûlé au ras le sol sous les yeux de la police impuissante. Le siège d'un journal qui essaya de montrer l'odieux de cet acte subit le même sort. Les agents de ville eux-mêmes étaient, de tous côtés, fréquemment attaqués et obligés de répandre le sang pour sauver leur vie.

Jusqu'au 15 août, presque toutes les villes importantes du Japon furent plus ou moins secouées par le frisson de colère et d'indignation que provoquait la cherté du riz. Malgré les nombreuses précautions qui furent prises pour empêcher l'insurrection dans la capitale, Tokio ne laissa pas de manifester violemment son courroux. Des foules énormes se réunirent dans les parcs de Hibiya, d'Ueno et d'Asakusa, se préparant à mettre à sac les maisons des riches. De nombreux magasins furent attaqués, leurs fenêtres brisées. Les heurts avec la police furent nombreux. On essaya d'incendier le dépôt municipal d'approvisionnements. Malgré tout, la capitale, grâce à la ferme autant que modérée attitude de l'autorité, eut relativement moins à souffrir que la province. Tant agents de police qu'émeutiers blessés on n'en compte guère que 150.

Ce fut durant les journées des 14, 15 et 16 août, que les émeutes furent le plus violentes dans tout le pays. Des centaines de familles fortunées, celles surtout qu'on soupçonnait avoir quelque accointance avec le marché du riz, furent plus ou moins gravement atteintes dans leurs biens, soit par l'incendie, soit par le pillage.

Le gouvernement fit des efforts considérables pour calmer les esprits et apporter un remède à cette situation alarmante ; d'abord par des secours en argent distribués aux ouvriers en détresse. L'empereur fit immédiatement un don de 3 millions de yen (7 millions de francs) ; les familles Mitsui et Iwasaki offrirent un autre million ; le gouvernement vota un crédit extraordinaire de 10 millions et donna des ordres pour que l'on établît une taxe que les marchands ne pourraient dépasser sous peine de confiscation. Les autorités préfectorales furent autorisées à acheter et à vendre aux pauvres au détail avec des remises. Vers le 20 août, les émeutes s'apaisèrent, le calme était à peu près rétabli.

Si l'on recherche les causes de cette hausse extraordinaire de l'aliment fondamental de ce peuple, hausse qui, en France, nous eût obligés à payer 1 franc la livre de pain, on croit qu'elle doit être en partie attribuée aux spéculateurs rapaces et éhontés qui malmenèrent et poussèrent à bout le marché pour satisfaire leur cupidité, et en partie également aux courtiers en riz qui voulurent faire opposition aux mesures de secours tentées par le gouvernement. Il semble bien que le parti politique germanophile n'est pas étranger à ce mouvement. Ennemi du cabinet Tera-Uchi qui, en union avec les alliés, poussait à l'intervention en Sibérie, il trouva probablement en cette affaire un moyen de tenir en échec le gouvernement et de le faire sombrer. A propos de ces événements, M. Mayeda fait, dans le cours de son article, cette réflexion qui mérite d'être notée : « Ce qui nous importe maintenant, ce n'est pas tant ce qui s'est passé, mais ce qui pourrait arriver dans l'avenir, si le gouvernement soulevait la colère de tout le pays dans un temps d'infortune. La puissance des masses peut être mesurée par ce fait que, dans la plupart des cas, les plus sérieuses de ces émeutes sortirent de commencements infimes, telle que la protestation de quelques femmes de pêcheurs qui devinrent les Charlotte Corday de la rébellion dans leur faible milieu. » Au sujet de quoi on peut faire cette remarque qu'un bon gouvernement ne soulève jamais la colère de tout un pays et que ceux qui excitent les masses, ce ne sont pas tant quelques femmes qui font sécher leur poisson sur la grève que, le plus souvent, des meneurs, aigrefins intéressés, qui saisissent les plus menues circonstances pour pousser à l'émeute et ont assez d'habileté pour pêcher dans cette eau trouble l'objet de leur convoitise et satisfaire leurs inavouables appétits.

*
* *

Cet épisode de l'histoire du Japon pendant la guerre est maintenant chose du passé. Depuis, les événements se sont précipités en Occident, la débâcle allemande s'est réalisée totale, l'effondrement est complet. La machine formidable, qui, depuis un demi-siècle, opprimait le globe, vient d'être broyée, et ses débris jonchent le sol comme, dans une forêt, les feuilles mortes après la bourrasque d'automne. C'est tout un monde qui disparaît. En 1807, Fichte disait à ses disciples : « Vous êtes celui de tous les peuples modernes qui a le mieux conservé le germe de la perfectibilité du genre humain. Si vous disparaissez, le genre humain perd tout espoir de salut. Si vous tombez, l'humanité entière tombe avec vous. » Ce qui vient de s'effondrer, par bonheur, dans une chute formidable, ce n'est pas l'humanité qui, au contraire, vient de se libérer de la tunique de Nessus, mais c'est le monde germanique avec sa conception prussienne-allemande du droit, de la liberté, de l'honneur et de la morale. Il nous a montré dans cette guerre ce que valait cette conception.

Ce fameux idéal teuton a fait de l'armée allemande un repaire de bandits qui ont mené la guerre comme des gorilles et des singes des bois. Ses chefs, par-dessus Gœthe et Beethoven, ont retrouvé le Germain ancestral, brutal et farouche. L'Allemagne, qui a déshonoré la science, s'est aussi déshonorée pour des siècles. Mais l'heure de l'expiation a sonné, et le moment est venu de se protéger efficacement contre cette race de proie, rebelle à la civilisation. Ce sera l'œuvre de la Conférence de Versailles. Le Japon, qui a généreusement concouru à la victoire, va également participer aux tractations de paix, recevoir la récompense de ses nobles efforts et prendre, de concert avec les alliés, les mesures convenables pour écarter à jamais le péril germanique dont l'Extrême-Orient était menacé.

Nous connaissons déjà le nom des deux plénipotentiaires désignés pour représenter le Japon à cette Conférence : le marquis Saionji et le baron Makino. Saionji est un des hommes d'État les plus en vue du Japon. Né à Tokio en 1849, fils de kuge (noble de cour), il participa pendant la Restauration à l'âge de 19 ans, au Conseil qui abolit le Shogunat, puis vint en France pour y faire ses études. Il y séjourna pendant onze ans, de 1869 à 1880. Rentré au Japon avec des idées socialistes, il y propagea le *Contrat social* de Rousseau. Cela ne l'empêcha pas, grâce à sa haute lignée, d'avancer dans la carrière politique. En 1882, il accompagne le marquis Ito dans son voyage d'études parlementaires à travers l'Europe et l'Amérique. Élu sénateur à son retour, il est ensuite ministre à Vienne (1885-1887), à Berlin (1887-1891). Après avoir rempli divers postes à la Chambre des pairs et dans différents ministères, il devient, en 1900, président du Conseil privé. En 1903, il prend la direction du parti Seiyukwai (parti constitutionnel). Il fut deux fois président du Conseil 1906-1908 et en 1911-12. C'est sous son dernier ministère que mourut S. M. Mutsu-Ilito qui, depuis plus de quarante ans, tenait les rênes de l'empire avec tant de fermeté durant la période la plus décisive de son histoire. Le portrait de Saionji nous le représente avec le visage long, rasé, les sourcils hauts sur des yeux peu bridés, le front vaste. Le maxillaire inférieur est large et svelte à la fois. L'ensemble respire la finesse aristocratique, l'intelligence et de dilettantisme. On lui a reproché, comme à lord Rosebery et à M. Balfour, de faire quelquefois de la politique en grand seigneur et en artiste. Son mérite a été de faire pénétrer à la cour les idées avancées. Seul, un homme de son rang avait l'ascendant nécessaire pour porter à la connaissance de l'empereur certaines revendications que Sa Majesté ne pouvait ignorer. Ajoutons que, peu sensible à l'attrait du pouvoir, Saionji n'a jamais refusé les tâches ingrates qui lui furent offertes, particulièrement sous ses deux ministères, où il eut à liquider des situations pleines de périls auxquelles il n'avait aucune part et surtout qu'il ne se départit jamais de ses principes de modération et de liberté.

Ami et soutien de Saionji, le baron Makino, qu'on nous annonce comme second plénipotentiaire, a fait partie de ses deux ministères. Né en 1861, il est le second fils du fameux Okoubo, le plus hardi des hommes de la Restauration et le plus révolutionnaire, qui, sentant ses jours menacés, fit en quelques années l'œuvre d'un demi-siècle. Okoubo fut assassiné en 1868. Makino est un ancien fonctionnaire, secrétaire particulier du duc Ito, puis préfet de province. En 1893, il était vice-ministre de l'Instruction publique, puis fut envoyé ministre à Rome (1897-99) et ensuite à Vienne (1899-1906). C'est en cette dernière année qu'il entrait dans le premier cabinet Saionji comme ministre de l'Instruction publique. Dans le second (1911) il reçut le portefeuille de la Justice.

On connaît déjà les conditions que ces deux délégués vont proposer à la Conférence de la paix :

1. Accord absolu avec l'Angleterre au sujet de la liberté des mers ;

2. Le Japon éprouve des sympathies pour les projets des Alliés relatifs à la protection des petites nations et à la protection du monde contre les guerres futures ;

3. Reconnaissance de la nécessité qu'il y a pour le Japon de maintenir l'ordre en Sibérie en vue de protéger l'intégrité territoriale du Japon ;

4. Reconnaissance des légitimes sphères d'influence financières, commerciales, et industrielles japonaises en Chine ;

5. Occupation permanente de Kiao-Tchéou, dans des conditions donnant satisfaction au Japon et à la Chine ;

6. Les îles Marshall, Carolines et autres, ayant appartenu précédemment aux Allemands dans le Pacifique, seront placées sous le protectorat japonais ;

7. Droits de réciprocité pour tous les citoyens japonais dans le monde entier.

L'on sait également que le Japon a déjà signé, en février 1917, un traité avec l'Angleterre qui lui donne satisfaction sur tout les points. Les alliés sans doute se joindront à l'Angleterre en retour des services éminents et du loyal effort que le Japon nous a fournis contre l'Allemagne. Espérons que nos amis d'Extrême-Orient sauront user de la puissance qui va leur échoir avec justice et pondération, qu'ils sauront être libéraux dans la bonne acception du mot, en accordant aux étrangers qui habitent leur pays la réciprocité des libertés et des

avantages dont eux-mêmes, Japonais, jouissent en
Europe, et qu'ils travailleront à faire tomber ce reproche, qui n'est pas sans fondement, d'être en Asie une
nation âpre au gain et à la domination. Il y a encore
au Japon tout un parti imbu des idées allemandes qui
ne table que sur la force et l'audace pour arriver à ses
fins. Sans doute, l'effondrement du colosse qui leur a
a suggéré ces principes jettera quelque lumière dans
l'esprit de ses adhérents. Mais il faudra de nouveaux et
persévérants efforts pour persuader les réfractaires que
le droit des peuples, enseigné par l'Évangile et qui
n'est en définitive que l'expression de la loi naturelle, est
aussi intangible que la raison humaine elle-même, et
que les États qui l'opprimeront par la force, quelle que
soit leur puissance, seront tôt ou tard brisés par la
Ligue des nations, comme un vase d'argile peut l'être
entre les mains du potier.

FIN

INDEX ALPHABÉTIQUE

Les noms propres sont en petites majuscules : AMATERASU ; les noms de matières et les mots qui représentent des idées générales en caractères ordinaires : Association japonaise ; les mots japonais en petites italiques : *genro, usuba.*

A

Accords russo-japonais, 38, 47, 71, 101, 104.
Agence WOLF, 83.
AGLEN (M.), inspecteur général des douanes de Tsing-Tao, 23.
Allemands en Russie, 178.
Alliance anglo-japonaise, 12, 51, 90, 91, 169-172.
Alliance du Japon avec les États-Unis (Vers une), 157-164.
AMATERASU (Déesse solaire), 138.
AMÉRIQUE (l') et la CHINE, 126-127.
Ancêtres japonais, 200.
AOKI (M.), 6.
Architecture japonaise (trois styles d'architecture dans les temples japonais), 79-80.
ARISTOTE, 88.
Armuriers japonais, 184.
Art japonais, 230-232 (voyez : Ciselure).
Association japonaise pour le secours des soldats malades et blessés et les pays envahis, 181.

B

BAILLY (M. Bernard), 167.
BASHO (poète japonais du XVIIᵉ siècle), 67, 225.

BELESSORT (M. André), 14.
BENOÎT XV (Sa Sainteté), 89.
BERTIN (M.), 167.
BOUDDHA (Amida Dhyani), 185.
Bouddhisme, 88, 137, 142 et passim.
Bushido (Code de morale du Samuraï), 133, 142, 144.
BOISSONNADE, 167.
BRIAND (M. Aristide), 120.

C

Caractères chinois (idéogrammes) au Japon, 120-123.
Cartésianisme, 88.
Causes de l'intervention japonaise, 146-147.
Chambre des pairs, des représentants, 5, 7.
CHANG-HAÏ, 172.
CHANOINE (capitaine), 166.
CHINDA (vicomte), ambassadeur à Londres, 176.
Chirurgie japonaise, 100.
Choshu (Clan de), 9.
CHU HI (en japonais *Shushi*), illustre philosophe chinois du XIIᵉ siècle (1150-1200), dont la pensée eut une grande influence au Japon durant le règne des Tokugawa (XVIIᵉ et XVIIIᵉ siècle), 131, 211.
CIEL, sens confucianiste, 201.
Ciselure (Art de la) au Japon, 184-186.

Clans (Satsuma, Choshu, Hizen, Tosa), 4, 6, 9, 65.
Conférence de la Paix, 248-250.
Conférence des Alliés à Paris, 177.
Confucianisme, 131-132, 201.
Confucius, 131, 211 et passim.
Constitution japonaise, promulguée en 1889, 5, 200.
Corée, 13.
Couronnement de l'Empereur, 44-45, 54-58.
Creuset des nations (la guerre européenne est le), 197.
Crises ministérielles, 10.
Croix-Rouge japonaise, 30, 97-98.
Culte des Ancêtres, 77 ; triple, 138.

D

Date Massamune (voir : Massamune).
Déclaration de Londres, 30.
Démocratie, 199.
Diète impériale, 5.

E

Ecoles de philosophie japonaise sous les Tokugawa (les 3 principales), 132.
Effort japonais, 1-31, 96-98, 181-182.
Elections générales au Japon (20 avril 1917), 148.
Emigration japonaise, 75-76, 84, 94, 106-110, 124-126.
Episode de la caverne de la déesse solaire, 56-57, 140.

F

Fêtes nationales (les onze grandes), 170.
Fourberie allemande, à l'occasion de la révolte des Boxers, 208-210 ; au Mexique, 210.

France (le Japon et la), 165-168.

G

Garde du sabre japonais (*Usuba*), 184.
Genro (Anciens ; Conseil fermé), 6, 51.
Genro-in (Ancien Sénat supprimé en 1890), 7.
Gentlemen's Agreement (Accord du Japon et des États-Unis), 74, 84.
Gerard, ambassadeur des États-Unis à Berlin ; son livre : « Mes quatre ans en Allemagne », 210.
Gosho, palais impérial, 45.
Go Tairei (la grande fête, le sacre de l'Empereur), 54.
Goto (Shimpei) (baron; ministre des Affaires Étrangères), 193-203, 218.
Guerre hispano-américaine (1898), 156.
Guerre russo-japonaise, 49.
Guerre sino-japonaise, 90.

H

Haïkaï, poésie de 17 syllabes, 225.
Hara-Kiri (Suicide légal), 60, 134.
Hart (sir Robert), 24.
Hegel, 88, 211-214.
Heinrich (abbé), 17.
Hepburn (M.), Américain, auteur d'un dictionnaire jap.-angl. et angl.-jap., 122.
Hétérodoxe (École de philosophie ancienne ou classique sous les Tokugawa), 132.
Hidari Jingoro, un des plus grands sculpteurs du Japon, 153-154.
Hioki (M.), ministre du Japon à Pékin, 26.

INDEX ALPHABÉTIQUE

Hirata, écrivain japonais du XVIII° siècle, 138.
Hizen (Clan de), 65.

I

Idéalisme transcendental, 88.
Ikki (D'), 62.
Ijuin (M.), ambassadeur du Japon en Chine, 49.
Invasion des idées occidentales au Japon, 194.
Ino-uye (marquis), 51-54.
Ino-uye Tetsujiro, professeur, 211.
Inukaï (M.), chef du parti populaire (Kokuminto), 149.
Intervention de l'armée japonaise, 178-179, 187-192.
Ishii (vicomte), ambassadeur à Paris, ministre des aff. étr. à Tokio, ambassadeur à Washington, 37, 61, 103, 163, 175, 210.
Islamisme, 142.
Iswolski (M.), 105.
Ito (duc), rédacteur de la Constitution, 6, 52, 248.
Iyenaga (M.), chef de la propagande japonaise aux États-Unis, 82, 156.
Iyeyasu (Shogun), célèbre fondateur de la dynastie des Tokugawa, 43, 44.
Izanagi et Izanami, divinités mythologiques, 140.

J

Jacoulet (M.), 15.
Jésuites (allemands) au Japon, 16.
Justice internationale, 237-239.

K

Kane-Iye Ier, artiste ciseleur, XV° siècle, 184.
Kane-Iye II, artiste ciseleur, XVI° siècle, 185.

Kannushi, Prêtre shintoïste, 68.
Kant, 88, 211.
Karbin, 106.
Kato (amiral), 62.
Kato (baron), ministre des affaires étrangères du Cabinet Okuma, 11, 23, 27, 61, 64.
Kato (Hiroyuki), D^r, professeur à l'Université impériale, 87-88.
Katsura (son cabinet), 4, 6, 156.
Kei-Hara (son Cabinet), 234.
Kiao-Tcheou, 13.
Kido (homme politique), 6.
Kitazato Shibasaburo (D^r), 100.
Kojiki, la plus ancienne chronique nationale. Bible du Shintoïsme, 46, 224.
Korniloff (général), 157.
Kuroda (comte), 46.
Kuan-Tong, 13.
Kwan-non, dieu de la compassion, 185.
Kyogen (théâtre), farces populaires, 44, 229.
Kyoto, capitale impériale jusqu'en 1868, 45.

L

Labbé (M. Paul), 143.
Laboratoire de politique international japonais, 193.
La Bruyère, 144.
Lansing (M.), 202, 210.
La Rochefoucault, 144.
Lecture et écriture japonaise, 121-123.
Liao-Tong, 13.
Littérature japonaise, 123, 224-229. — Voyez : Kojiki, Tanka, Haïkaï, Nô, Kyogen, etc...
Lu-Chen-Syang, ministre des affaires étrangères à Pékin, 27.

M

Makino (Baron), 249.
Makura no Sôshi (recueil de pensées, X° siècle), 144, 225.
Mandchourie, 104, 105.
Marché chinois, 50, 110.
Marguerie (colonel), 166.
Marianites, 16.
Massamune (Date) Daïmyo de Sendaï, 89, 151-152.
Matsui (Kushiro), ambassadeur du Japon à Paris, 72, 143, 144, 183.
Matsukata (M.), 6.
Matsushima (archipel), 154.
Mausolée de *Meiji Tenno*, 76-81.
Meiji (Ère de), 2, 3.
Mencius, 131.
Menées allemandes au Japon, 82-83, 114-115, 177-178.
Mexique, 136.
Mikado (offre un sabre d'honneur à Verdun), 183.
Mikhailowitch (Georges), grand duc, 72.
Missions Étrangères de Paris (Société), 15, 168.
Mittel Europa, 129.
Mizuno (M.), ministre de l'Intérieur, 202.
Monarchie constitutionelle, 199.
Mongolie, 105.
Mori (M.), 6.
Motono (vicomte), ministre des affaires étrangères, 117, 135, 162.
Munier (colonel), 166.
Mutsu-Hito, empereur défunt, 4. Ses poésies, 145.
Mythe solaire, 56-57.

N

Néo-scholastique moderne, 88.
Néo-shintoïsme, 138.
Nijo (palais mikadonal à Kyôto, actuellement résidence d'été), 45-46, 56, 58.
Nikkô (temples), nécropole funèbre, 43-44, 153.
Nirvâna, 88.
Nô (théâtre), drames lyriques, 44, 229.
Noguchi (D'), 100.
Norito, rituel shintoïste, 138.
Nouvel an japonais (fêtes), 66-70.

O

Okubo (M.), 6, 249.
Okuma (Shigenobu), comte, chef du Cabinet, fondateur de l'Université de Waseda, grand orateur, 10, 11, 12, 20, 24, 27, 52, 62-66; son message au peuple anglais, 90-93, 96, 117-118, 191.
Omura (M.), 52.
Orthodoxe (école de philosophie sous les Shoguns Tokugawa), 131.
Oura (vicomte), 62.
Osaki (M.), ministre de la justice Cabinet Okuma, 11.
Oyama (maréchal duc), généralissime pendant la guerre russo-japonaise, 6.
Oyomei (voyez : Wang-Yang-Ming).

P

Panthéisme, 88, 201, 211.
Partis politiques, 6, 149.
Petrelli (Mgr), légat du Saint-Siège), 88.
Philippines, 129.
Philosophie japonaise, 130-134, 211-215.
Platon, 88.
Problème chinois, 94-96.
Poincaré (Raymond), 72.
Polynésie (colonies allemandes de), 29.
Politique du Japon (pénétration en Chine), 35, 36, 38.
Port-Arthur, 13, 104.

INDEX ALPHABÉTIQUE

PORTSMOUTH (traité de), 104, 105.
Principes éternels (sens du *Bushido*), 201.
Prospérité économique du Japon, 85-87.

Q

Quarante-sept *rônins* (leur hara-kiri, suicide collectif), 60.

R

Relations du Japon :
 1° avec l'Allemagne, 18, 206-211.
 2° avec les Etats-Unis, 18, 74-76, 124-130, 173-176, 222-224.
 3° avec la France, 13-17.
 4° avec la Russie, 13.
Religions du Japon (inconciliables avec mentalité européenne), 112.
Républicanisme, 199.
Révision des traités, 126.
Révolution russe, 155-157, 200.
RICHTER (Karl), 9.
Riz (Les émeutes du), 241-247.
ROUEMON (Hasekura), et son ambassade à Rome au XVIIᵉ siècle, 89.
Rôle du Japon en Extrême-Orient, 111.
Romaji, caractères latins remplaçant les idéogrammes chinois, 122.
ROUMANIE, 102.
Rupture de la France avec Rome (son influence au Japon), 16.

S

Sabres japonais, 183-186.
SAIGO (les deux frères), 6.
SAIONJI (marquis), son Cabinet, 4, 189, 248.
Samuraï (guerriers japonais aux deux sabres), 133.
SATSUMA (clan), 4.
Scandales des sucres, 7 ; de la marine, 19.
Scholastique (philosophie), 88, 215.
Science médicale au Japon, 98-100.
SEIYUKAI (parti constitutionnel), 6, 235.
SENDAÏ, chef-lieu de la Province du Miyagi, 89, 150-154.
SERBIE, 51.
SHARP (M.), ambassadeur des États-Unis à Paris, 143.
SHIODA (D'), 90.
Shintoïsme, 55-58, 136-142.
Shoguns, 42, 43 et passim.
SHUSHI. Voir CHU-HI.
SIBÉRIE (Intervention en), 204-206, 218.
Socialisme, 199.
Société américo-japonaise de Tokio, 160.
Société des Nations, 197, 237-239.
Société franco-japonaise de Paris, 98.
Sorbonne (conférence sur l'effort japonais), 143.
Statu quo (la paix dans le), 33-35.
STURDEE (vice-amiral), 29.
SUSAN-NO-WO, frère de la déesse du Soleil Amaterasu, 57, 140.

T

TAKATA (Dʳ), 62.
TAKETOMI (M.), 62.
Tanka (poésie de 31 syllabes), 145, 227.
TAYO, « Le Soleil », revue japonaise, 141, 170 et passim.

Temples shintoïstes, 137.
Tera-Uchi (maréchal comte), 118-120, 149, 189, 202, 218, 222.
Théâtre japonais, 228-229. — Voyez Nô et Kyôgen.
Thibaudier (M.), 167.
Titcherine, 217.
Saint Thomas d'Aquin, 88.
Tokiwa-Yokoï (M.), écrivain japonais, 146.
Tokugawa (Shogunat des). Les Fêtes du 3ᵉ centenaire, 42-45.
Traités internationaux (les) seront-ils des chiffons de papier ? 116.
Transsibérien, 104, 105, 188.
Trois trésors sacrés (miroir, collier, sabre), 56.
Tsing-Tao, 19, 22-23, 25.

U

Ultimatum (de l'Empereur du Japon à Berlin), 20-22, 24.
Usuba (voyez : Garde de sabre).

V

Verdun, 183.
Verny (M. Léonce), 167.
Vieux Japon, 70.

W

Waldersee (général), 210.
Wang-Yang-Ming, célèbre philosophe chinois des XVᵉ et XVIᵉ siècles (1472-1528), dont la doctrine eut une grande influence au Japon au XVIIIᵉ siècle, en japonais : Oyomei, 131.
Waseda (université libre de Tokio fondée par le comte Okuma), 62.
Winston Churchill (M.), 170.
Wilson (M.), 203.

Y

Yamada, capitale religieuse du Shintoïsme, province d'Ise, 46.
Yamaga Soko (1627-1685), professeur de stratégie et philosophe japonais, 130-134.
Yamagata (maréchal), 6.
Yamamoto (amiral), son Cabinet, 4, 6.
Yamato tamashii (l'esprit japonais), 192.
Yang Tsé, Fleuve Bleu, fleuve de la Chine, 172.
Yenaga (M.), (voir Iyenaga).
Yoneda (M.), 172.
Yoshi Hito, empereur actuel, 1, 3 et passim.

Z

Zimmermann (M.), 136.
Zone de guerre autour de Tsing-Tao, 25-26.

TABLE ANALYTIQUE

CHAPITRE PREMIER

Introduction

Coup d'œil sur la coopération japonaise pendant la première année de la guerre européenne (août 1914-août 1915) 1

I. Importance de l'ère de Meiji. — Difficultés du commencement du règne de Yoshi-Hito. — Chute du Cabinet Saionji. — Cabinet Katsura. — Cabinet Yamamoto. — La Constitution japonaise. — Les partis. — Les clans. — Les genro. — Scandales des sucres (1909). — Scandales de la marine et chute du Cabinet Yamamoto. — Le Cabinet Okuma (1914) 2

II. Relations du Japon avec l'Angleterre, la Russie, la France, les États-Unis et l'Allemagne au début de la guerre européenne. — Importance de Tsing-Tao. — Le scandale de la marine et les procédés allemands. — L'ultimatum du mikado à Berlin. — La prise de Tsing-Tao.... 12

III. Les difficultés du Japon avec la Chine : les douanes du port ; la restitution de Tsing Tao ; la zone de guerre. — Pourparlers entre Pékin et Tokio. — Convention japonaise du 8 juin 1915. — Le Japon aide à la police du Pacifique, à assurer la liberté des voies de mer, à ravitailler la Russie. — Il signe la déclaration de Londres. — La Croix-Rouge japonaise à Paris, à Londres, à Pétrograd. — Conclusions................ 23

CHAPITRE II

Le rôle du Japon dans la guerre actuelle........... 32

CHAPITRE III

L'alliance russo-japonaise. — Le troisième centenaire de la fondation de Shogunat des Tokugawa. — Le prochain couronnement de l'empereur.......... 37

CHAPITRE IV

L'alliance russo-japonaise : le point de vue japonais. — La mort du marquis Inouyé. — Les fêtes du couronnement à Tokio et à Kyoto............ 47

CHAPITRE V

Fidélité à la cause des Alliés. — Victoire du ministère Okuma. — Le jour de l'an japonais : usages et fêtes...................................... 59

CHAPITRE VI

Vers une alliance russo-japonaise. — Le Japon et les États-Unis. — Le mausolée de Meiji Tenno....... 71

CHAPITRE VII

Menées allemandes contre l'Angleterre et les États-Unis. — Prospérité économique. — Le Dr Kato, et la philosophie japonaise. — Visite de Mgr Petrelli, légat du Saint-Siège............................ 82

CHAPITRE VIII

Message du comte Okuma au peuple anglais. — L'émigration japonaise. — Le Japon, les États-Unis et la Chine. — Collaboration du Japon à l'œuvre commune. — Le Dr Shihoda et la mission japonaise à Paris. — La science médicale au Japon. — Accord russo-japonais........................... 90

CHAPITRE IX

Le Japon et les Alliés. — Le récent traité russo-japonais. — L'avenir du Japon en Asie................ 102

CHAPITRE X

Conflit sino-japonais et « chiffons de papier ». — Le nouveau cabinet Tranchi. — Une révolution pacifique.. 114

CHAPITRE XI

......Censuré...... — Un philosophe de la période des Tokugawa................................... 124

CHAPITRE XII

Le Japon, les États-Unis et la Chine. — Le shintoïsme et la civilisation........................ 135

CHAPITRE XIII

A la Sorbonne. — Joffre décoré par le Mikado. — Les causes de l'intervention du Japon aux côtés des Alliés. — La débâcle allemande en Extrême-Orient. — Les nouvelles élections............. 143

CHAPITRE XIV

La ville de Sendaï, ses souvenirs, ses environs : l'archipel de Matsushima et le Kinkwasan.......... 150

CHAPITRE XV

Les États-Unis et le Japon au secours de la Russie. Le Japon veut la victoire intégrale. — Vers une alliance avec les États-Unis. — Inauguration de la Société américo-japonaise de Tokio. — Le baron Ishii à Washington............................ 155

CHAPITRE XVI

Le Japon et la France........................... 165

CHAPITRE XVII

L'alliance anglo japonaise. — Relations avec les États-Unis.. 169

CHAPITRE XVIII

La Conférence des Alliés et l'intervention japonaise. — Le secours Nippon aux soldats malades et blessés. — Le sabre d'honneur du Mikado à la ville de Verdun... 178

CHAPITRE XIX

Quand le Japon interviendra-t-il ?................. 187

CHAPITRE XX

Le baron Goto. — Ses idées politiques. — Le creuset des nations. — M. Goto et la guerre. — Le Japon et les États-Unis.. 193

CHAPITRE XXI

Dans quelle mesure le Japon doit-il intervenir en Sibérie. — Un nouveau front oriental. — Le Japon et l'Allemagne. — Une escroquerie diplomatique. — A la recherche d'une philosophie. — Panthéisme oriental et hégélianisme................ 204

CHAPITRE XXII

Intrigues allemandes ; Titcherine fait des avances à Tokio ; l'intervention est décidée malgré l'opposition ; déclaration de désintéressement ; difficultés intérieures ; le Japon et les Alliés en Sibérie, premier succès. — Tokio et Washington. — Une séance de littérature nippone à Paris ; poésie et théâtre du vieux Japon....................... 216

CHAPITRE XXIII

Le paysage japonais. — Le Cabinet Kei-Hara. — Progrès vers le régime parlementaire. — Le parti germanophile au Japon. — Les idées de M. Yumoto sur les fondements de la justice internationale. — L'attitude que doit garder le Japon pendant les tractations de la paix. — Une tempête dans la mer de Chine.................................... 230

CHAPITRE XXIV

Les émeutes du riz en août 1918. — Après la victoire, le Japon à la Conférence de la Paix............. 241

Index alphabétique........................... 253
Table analytique 259

Imprimerie E. Aubin. — Ligugé (Vienne).

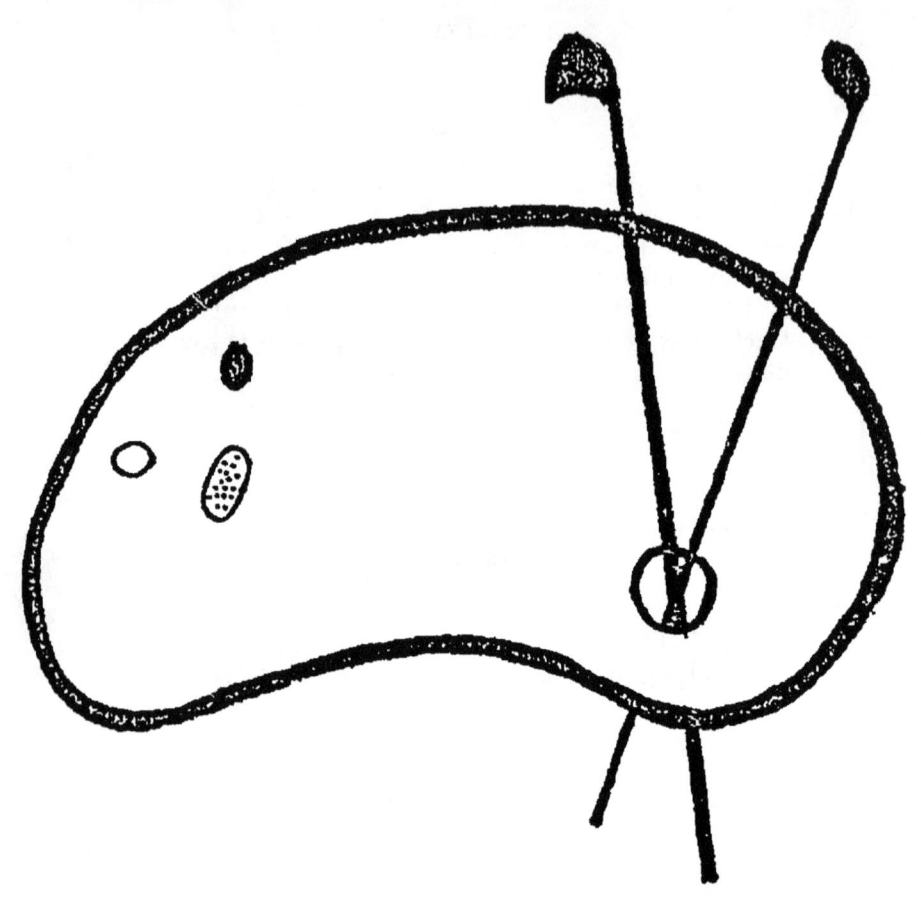

ORIGINAL EN COULEUR
NF Z 43-120-8

www.ingramcontent.com/pod-product-compliance
Lightning Source LLC
Chambersburg PA
CBHW050328170426
43200CB00009BA/1512